Taş Devri Lezzetleri

Paleo Mutfağına Yolculuk

Aylin Kaya

içindekiler

Elma-Hardal Paspas Soslu Füme Kısa Kaburga 8
pirzola 8
Daldırma 8
Taze Ananaslı Salata Salatası ile Fırında Barbekü Domuz Kaburgası 11
Baharatlı domuz eti güveç 13
Gulaş 13
Lahana 13
Dilimlenmiş Rezene ve Sotelenmiş Soğanlı İtalyan Sosis Köfte Marinara 15
köfteler 15
Marinara 15
Fesleğen ve çam fıstığı ile domuz eti ile doldurulmuş kabak tekneleri 17
Hindistan Cevizi Sütü ve Otlarla Körili Domuz Eti ve Ananaslı Erişte Kaseleri 19
Baharatlı Salatalık Salatası ile Baharatlı Izgara Domuz Köftesi 21
Güneşte Kurutulmuş Domates Pesto, Tatlı Biber ve İtalyan Sosisli Kabak Kabuklu
   Pizza 23
Limonlu ve kişnişli füme kuzu budu, ızgara kuşkonmazlı 26
Kuzu Güveç 28
Kereviz Kök Erişteli Kuzu Yahni 30
Baharatlı nar ve hurma soslu kuzu pirzola 32
Hint turşusu 32
Kuzu pirzola 32
Sotelenmiş Radicchio Lahanalı Chimichurri Kuzu Pirzola 34
Havuç ve Tatlı Patates Remoulade ile Ancho-Adaçayı Ovma Kuzu Pirzola 36
Bahçede kırmızı biber soslu kuzu burger dolması 38
Kırmızı biber püresi 38
Burgerler 38
Duble kekik ve tzatziki soslu kuzu şiş 41
Kuzu şiş 41
Cacık Sosu 41
Safran ve Limonlu Kavrulmuş Tavuk 43
Jicama Salatası ile Spatchcocked Tavuk 45

Tavuk 45
Lahana salatası 45
Votka, havuç ve domates soslu kavrulmuş tavuk butları 48
Poulet Rôti ve Rutabaga Frites 50
Frenk soğanı rutabagas püresi ile üç mantarlı coq au Vin 52
Şeftali ve Brendi Sırlı Baget 54
Şeftali Brendi Sır 54
Mango ve Kavun Salatası ile Şili Marine Edilmiş Tavuk 56
Tavuk 56
salata 56
Tandır usulü tavuk budu, salatalık raitalı 59
Tavuk 59
Salatalık Raita 59
Kök Sebzeli, Kuşkonmazlı ve Yeşil Elma-Nane Aromalı Körili Tavuk Yahnisi 61
Ahududu, Pancar ve Kızarmış Badem ile Izgara Tavuk Paillard Salatası 63
Taze domates sosu ve Sezar salatası ile brokoli ile doldurulmuş tavuk göğsü 66
Baharatlı Sebzeler ve Çam Fıstığı Sosu ile Izgara Tavuk Shawarma Dürüm 68
Mantarlı Fırında Tavuk Göğsü, Sarımsaklı Dövülmüş Karnabahar ve Kavrulmuş Kuşkonmaz 70
Tay usulü tavuk çorbası 72
Eskarollü Limon-Adaçayı Kavrulmuş Tavuk 74
Frenk soğanı, su teresi ve turplu tavuk 77
Tavuk Tikka Masala 79
Ras el Hanout tavuk butları 82
Kızartılmış Ispanak Üzerinde Carambola Adobo Tavuk Butları 84
Poblano Lahana ve Chipotle Mayonezli Tavuk Tacos 86
Bebek Havuç ve Bok Choy ile Tavuk Yahni 88
Kaju fıstıklı, portakallı ve tatlı biberli, marul sargısında tavada kızartılmış tavuk ... 90
Hindistan Cevizi ve Limon Otlu Vietnam Tavuğu 92
Izgara Tavuk ve Elmalı Escarole Salatası 95
Karalahana Kurdeleli Toskana Tavuk Çorbası 97
Tavuk Larb 99
Szechwan Kaju Soslu Tavuk Burger 101
Szechwan kaju sosu 101
Türk Tavuk Dürümleri 103

İspanyol Cornish Tavukları 105
Narlı ve Jicama Salatalı Ördek Göğsü 108
Sarımsak kökü püresi ile kavrulmuş hindi 110
Pesto Soslu Hindi Göğsü Dolması ve Roka Salatası 113
Kirazlı Barbekü Soslu Baharatlı Hindi Göğsü 115
Şarapta kızartılmış hindi filetosu 117
Frenk soğanı ve karides soslu sotelenmiş hindi göğsü 120
Kök Sebzeli Kızarmış Hindi 122
Karamelize Soğan Domates Soslu Otlu Hindi Köfte ve Kavrulmuş Lahana Dilimleri
.... 124
Türkiye Posole 126
Tavuk Kemik Suyu 128
Yeşil Harissa Somonu 131
Somon 131
Harissa 131
Baharatlı ayçiçeği tohumları 131
salata 131
Marine edilmiş enginar kalbi salatası ile ızgara somon 135
Anında Kavrulmuş Şili Adaçayı Somonu, Yeşil Domates Soslu 137
Somon 137
yeşil domates sosu 137
Limon ve Fındıklı Pesto ile Papillote'de Kavrulmuş Somon ve Kuşkonmaz 140
Mantar ve elma soslu baharatlı somon 142
Julian Sebzeli Papillote Dileği 145
Füme Limon Kremalı Roka Pesto Tacos 147
Baharatlı Mango ve Fesleğen Soslu Izgara Morina ve Kabak Paketleri 150
Pesto Doldurulmuş Domatesli Riesling Haşlanmış Morina 152
Tatlı patates püresi üzerinde fıstık ve kişniş kabuklu ızgara morina balığı 154
Kavrulmuş Brokoli ile Biberiye ve Mandalina ile Morina 156
Turşu Turşu ile Körili Morina Marul Sarmaları 158
Limon ve Rezene ile Kavrulmuş Mezgit Balığı 160
Remoulade ve Cajun tarzı bamya ve domatesli ceviz kabuklu levrek 162
Avokado ve Limon Aioli ile Tarhunlu Tuna Empanadas 165
Çizgili Bas Tagine 168
Deniz mahsullü bulyon 170

Klasik Karides Ceviche ... 172
Hindistan Cevizli Ispanak ve Karides Salatası ... 175
Tropikal Karides ve Tarak Ceviche ... 177
Solmuş Ispanaklı ve Radicchiolu Sarımsaklı Karides ... 179
Avokado, greyfurt ve jicama ile yengeç salatası ... 181
Tarhun Aioli ile Cajun Istakoz Kuyruğu Haşlama ... 183
Safranlı aioli ile kızarmış midye ... 185
Yaban havucu kızartması ... 185
safran aioli ... 185
Midye ... 185
Pancar soslu kızarmış deniz tarağı ... 188
Salatalık-Dereotu Soslu Izgara Deniz Tarağı ... 191
Domates, zeytinyağı ve ot soslu ızgara deniz tarağı ... 193
Deniz tarağı ve sos ... 193
salata ... 193
Rezene ve İnci Soğanlı Kimyonlu Kavrulmuş Karnabahar ... 195
Kabak spagetti ile kalın domates ve patlıcan sosu ... 197
Portobello Doldurulmuş Mantar ... 199
kavrulmuş radikşio ... 201
Portakal Soslu Kavrulmuş Rezene ... 202
Pencap usulü Savoy lahanası ... 205
Tarçınlı Kavrulmuş Balkabağı ... 207
Elenmiş yumurta ve ceviz ile ızgara kuşkonmaz ... 208
Turp, Mango ve Nane ile Çıtır Lahana Salatası ... 210
Kimyon ve Limonlu Kavrulmuş Lahana Turları ... 211
Turuncu Balzamik Çiy ile Kavrulmuş Lahana ... 212

ELMA-HARDAL PASPAS SOSLU FÜME KISA KABURGA

DALDIRIN:1 saat ayakta: 15 dakika tütsüleme: 4 saat pişirme: 20 dakika Verim: 4 porsiyon<u>FOTOĞRAF</u>

ZENGIN LEZZET VE ETLI DOKU.FÜME KABURGALARA EŞLIK ETMEK IÇIN TAZE VE GEVREK BIR ŞEY GEREKIR. HEMEN HEMEN HER SALATA IŞE YARAR AMA REZENE SALATASI (BKZ.<u>YEMEK TARIFI</u>VE FOTOĞRAFTA<u>BURADA</u>), ÖZELLIKLE IYIDIR.

PIRZOLA
- 8 ila 10 adet elma veya ceviz ağacı
- 3 ila 3½ pound domuz filetosu kısa kaburga
- ¼ fincan füme baharat (bkz.<u>yemek tarifi</u>)

DALDIRMA
- 1 orta boy elma, soyulmuş, çekirdeği çıkarılmış ve ince dilimlenmiş
- ¼ bardak doğranmış soğan
- ¼ bardak su
- ¼ bardak elma sirkesi
- 2 yemek kaşığı Dijon tarzı hardal (bkz.<u>yemek tarifi</u>)
- 2 ila 3 yemek kaşığı su

1. Dumanla pişirmeden en az 1 saat önce odun parçalarını üzerini kaplayacak kadar suyla ıslatın. Kullanmadan önce boşaltın. Kaburgalardaki görünür yağları kesin. Gerekirse kaburgaların arkasındaki ince zarı çıkarın. Kaburgaları geniş, sığ bir tavaya yerleştirin. Duman baharatını eşit şekilde serpin; parmaklarınızla ovalayın. 15 dakika oda sıcaklığında bekletin.

2. Önceden ısıtılmış kömürleri, süzülmüş talaşları ve su tavasını üreticinin talimatlarına göre tütsüleme kabına yerleştirin. Tavaya su dökün. Kaburgaları kemik tarafı

aşağı bakacak şekilde ızgaraya, su dolu bir tavaya yerleştirin. (Ya da kaburgaları bir kaburga rafına yerleştirin; kaburga rafını ızgaraya yerleştirin.) Kapağını kapatıp 2 saat kadar tütsüleyin. Sigara içtiğiniz süre boyunca sigara içen kişinin içindeki sıcaklığı yaklaşık 225°F koruyun. Sıcaklığı ve nemi korumak için gerektiği kadar daha fazla kömür ve su ekleyin.

3. Bu arada paspas sosu için elma dilimlerini, soğanı ve ¼ bardak suyu küçük bir tencerede birleştirin. Kaynatın; ısıyı azaltın. Ara sıra karıştırarak 10 ila 12 dakika veya elma dilimleri iyice yumuşayana kadar üstü kapalı olarak pişirin. Biraz soğumaya bırakın; Süzülmemiş elma ve soğanı bir mutfak robotuna veya karıştırıcıya aktarın. Örtün ve pürüzsüz olana kadar işleyin veya karıştırın. Püreyi tekrar tencereye alın. Sirke ve Dijon hardalını ekleyin. Orta-düşük ateşte ara sıra karıştırarak 5 dakika pişirin. Sosu salata sosu kıvamına getirmek için 2 ila 3 yemek kaşığı su (veya gerektiğinde daha fazla) ekleyin. Sosu üçe bölün.

4. 2 saat sonra kaburgaları paspas sosunun üçte biri ile cömertçe fırçalayın. Kapağını kapatıp 1 saat daha tütsüleyin. Paspas sosunun üçte birini tekrar fırçalayın. Her bir kaburga parçasını ağır alüminyum folyoya sarın ve gerekirse kaburgaları üst üste yerleştirerek sigara içicisine geri koyun. Kapağı kapatın ve 1 ila 1½ saat daha veya kaburgalar yumuşayana kadar tütsüleyin. *

5. Kaburgaları açın ve paspas sosunun kalan üçte birini fırçayla sürün. Servis yapmak için kaburgaları kemiklerin arasından kesin.

*İpucu: Kaburgaların hassasiyetini test etmek için alüminyum folyoyu kaburga plakalarından birinden dikkatlice çıkarın. Kaburga levhasını, levhanın üst çeyreğinden tutarak maşayla kaldırın. Kaburga levhasını, etli tarafı aşağı bakacak şekilde çevirin. Kaburgalar hassassa, levha kaldırıldığında parçalanmaya başlamalıdır. Yumuşak değilse tekrar alüminyum folyoya sarın ve kaburgaları yumuşayana kadar tütsülemeye devam edin.

TAZE ANANASLI SALATA SALATASI ILE FIRINDA BARBEKÜ DOMUZ KABURGASI

EV ÖDEVI:20 dakika pişirme: 8 dakika pişirme: 1 saat 15 dakika Verim: 4 porsiyon

COUNTRY TARZI DOMUZ KABURGALARI ETLIDIR.UCUZDUR VE EĞER DOĞRU ŞEKILDE KULLANILIRSA, ÖRNEĞIN BIR YIĞIN BARBEKÜ SOSUNDA YAVAŞ VE YAVAŞ PIŞIRMEK GIBI, ERIME NOKTASINA KADAR YUMUŞARLAR.

2 pound kemiksiz kır tarzı domuz kaburga
¼ çay kaşığı karabiber
1 yemek kaşığı rafine hindistan cevizi yağı
½ su bardağı taze portakal suyu
1½ bardak Barbekü sosu (bkz.yemek tarifi)
3 su bardağı rendelenmiş yeşil ve/veya kırmızı lahana
1 su bardağı rendelenmiş havuç
2 su bardağı ince doğranmış ananas
⅓ bardak parlak narenciye sosu (bkz.yemek tarifi)
Barbekü sosu (bkz.yemek tarifi) (İsteğe bağlı)

1. Fırını önceden 350°F'a ısıtın. Domuz eti üzerine biber serpin. Ekstra büyük bir tavada hindistancevizi yağını orta-yüksek ateşte ısıtın. Domuz kaburgalarını ekleyin; 8 ila 10 dakika veya kahverengileşene kadar, eşit şekilde kahverengiye dönene kadar pişirin. Kaburgaları 3 litrelik dikdörtgen bir pişirme kabına yerleştirin.

2. Sos için tavaya portakal suyunu ekleyin ve kızaran kısımları kazımak için karıştırın. 1½ bardak barbekü sosunu ekleyin. Sosu kaburgaların üzerine dökün. Kaburgaları sosla kaplayacak şekilde çevirin (gerekirse sosu

kaburgaların üzerine yaymak için bir hamur fırçası kullanın). Fırın tepsisini alüminyum folyo ile sıkıca kapatın.

3. Kaburgaları 1 saat pişirin. Folyoyu çıkarın ve kaburgaları fırın tepsisinden sosla fırçalayın. Yaklaşık 15 dakika daha veya kaburgalar yumuşayana ve altın rengi kahverengi olana ve sos hafifçe koyulaşana kadar pişirin.

4. Bu arada ananas salatası için lahana, havuç, ananas ve parlak narenciye sosunu birleştirin. Servis yapmaya hazır olana kadar örtün ve soğutun.

5. Kaburgaları salata ve istenirse ek barbekü sosuyla servis edin.

BAHARATLI DOMUZ ETI GÜVEÇ

EV ÖDEVI:20 dakika pişirme: 40 dakika Verim: 6 porsiyon

BU MACAR USULÜ GÜVEÇ SERVIS EDILIYORTEK TABAKLIK BIR YEMEK IÇIN ÇITIR, ZAR ZOR SOLMUŞ LAHANA YATAĞINDA. KIMYON TOHUMLARINI HAVANDA VE VARSA HAVAN TOKMAĞIYLA EZIN. DEĞILSE, BIÇAĞIN ÜZERINE YUMRUĞUNUZLA HAFIFÇE BASTIRARAK ŞEF BIÇAĞININ GENIŞ TARAFININ ALTINDA DÜZLEŞTIRIN.

GULAŞ

1½ pound kıyma domuz eti

2 su bardağı doğranmış kırmızı, turuncu ve/veya sarı tatlı biber

¾ bardak ince doğranmış kırmızı soğan

1 küçük taze kırmızı biber, çekirdeği çıkarılmış ve ince doğranmış (bkz.eğim)

4 çay kaşığı füme baharat (bkz.yemek tarifi)

1 çay kaşığı kimyon tohumu, ezilmiş

¼ çay kaşığı öğütülmüş mercanköşk veya kekik

1 14 onsluk domates, tuz eklenmeden, süzülmeden doğranmış olabilir

2 yemek kaşığı kırmızı şarap sirkesi

1 yemek kaşığı ince rendelenmiş limon kabuğu

⅓ fincan taze maydanoz, şeritler halinde kesilmiş

LAHANA

2 yemek kaşığı zeytinyağı

1 orta boy soğan, dilimlenmiş

1 yeşil veya mor lahana, çekirdeği çıkarılmış ve ince dilimlenmiş

1. Gulaş için, büyük bir Hollanda fırınında, öğütülmüş domuz etini, tatlı biberleri ve soğanı orta-yüksek ateşte 8 ila 10 dakika veya domuz eti artık pembe olmayıncaya ve sebzeler yumuşak ve gevrek oluncaya kadar tahta bir kaşıkla karıştırarak pişirin. eti kırmak için. Yağı boşaltın.

Isıyı en aza indirin; Kırmızı biber, duman baharatı, kimyon tohumu ve mercanköşk ekleyin. Kapağını kapatıp 10 dakika pişirin. Süzülmemiş domatesleri ve sirkeyi ekleyin. Kaynatın; ısıyı azaltın. Kapağı kapalı olarak 20 dakika pişirin.

2. Bu arada, lahana için ekstra büyük bir tavada yağı orta ateşte ısıtın. Soğanı ekleyin ve yumuşayana kadar yaklaşık 2 dakika pişirin. Lahana ekleyin; birleştirmek için karıştırın. Isıyı düşük seviyeye düşürün. Ara sıra karıştırarak yaklaşık 8 dakika veya lahana yumuşayana kadar pişirin.

3. Servis yapmak için lahana karışımının bir kısmını tabağa koyun. Üstüne gulaş ekleyin ve üzerine limon kabuğu rendesi ve maydanoz serpin.

DILIMLENMIŞ REZENE VE SOTELENMIŞ SOĞANLI İTALYAN SOSIS KÖFTE MARINARA

EV ÖDEVI:30 dakika pişirme: 30 dakika pişirme: 40 dakika Verim: 4 ila 6 porsiyon

BU TARIF NADIR BIR ÖRNEKTIRTAZE VERSIYONUNDAN DAHA IYI OLMASA DA AYNI DERECEDE IŞE YARAYAN KONSERVE BIR ÜRÜN. ÇOK ÇOK OLGUN DOMATESLERINIZ OLMADIĞI SÜRECE, TAZE DOMATESLI SOSLARDA, KONSERVE DOMATESLERDEKI KADAR IYI BIR KIVAM ELDE EDEMEZSINIZ. TUZ EKLENMEMIŞ VE DAHA DA IYISI ORGANIK BIR ÜRÜN KULLANDIĞINIZDAN EMIN OLUN.

KÖFTELER

2 büyük yumurta

½ su bardağı badem unu

8 diş sarımsak, kıyılmış

6 yemek kaşığı kuru beyaz şarap

1 yemek kaşığı kırmızı biber

2 çay kaşığı karabiber

1 çay kaşığı rezene tohumu, hafifçe ezilmiş

1 çay kaşığı kurutulmuş kekik, ezilmiş

1 çay kaşığı kurutulmuş kekik, ezilmiş

¼ ila ½ çay kaşığı acı biber

1½ pound kıyma domuz eti

MARINARA

2 yemek kaşığı zeytinyağı

2 adet 15 onsluk kutu tuz eklenmemiş ezilmiş domates veya bir adet 28 onsluk kutu tuz eklenmemiş ezilmiş domates

½ su bardağı doğranmış taze fesleğen

3 orta boy rezene soğanı, ikiye bölünmüş, çekirdekleri çıkarılmış ve ince dilimlenmiş

1 büyük tatlı soğan, yarıya bölünmüş ve ince dilimlenmiş

1. Fırını önceden 375°F'ye ısıtın. Geniş kenarlı bir fırın tepsisini parşömen kağıdıyla kaplayın; bir kenara koyun. Büyük bir kapta yumurtaları, badem ununu, 6 diş kıyılmış sarımsağı, 3 yemek kaşığı şarabı, kırmızı biberi, 1 ½ çay kaşığı karabiberi, rezene tohumlarını, kekik, kekik ve kırmızı biberi birlikte çırpın. Domuz eti ekleyin; iyice karıştırın. Domuz eti karışımını 1½ inçlik köfteler haline getirin (yaklaşık 24 köfteniz olmalıdır); hazırlanan fırın tepsisine tek bir kat halinde yerleştirin. Yaklaşık 30 dakika veya hafifçe kızarana kadar pişirin, pişirme sırasında bir kez çevirin.

2. Bu arada marinara sosu için 4 ila 6 litrelik Hollanda fırınında 1 çorba kaşığı zeytinyağını ısıtın. Kalan 2 diş kıyılmış sarımsağı ekleyin; yaklaşık 1 dakika veya kahverengileşene kadar pişirin. Kalan 3 yemek kaşığı şarabı, ezilmiş domatesleri ve fesleğenleri hızla karıştırın. Kaynatın; ısıyı azaltın. Kapağı açık olarak 5 dakika pişirin. Pişmiş köfteleri marinara sosuna dikkatlice karıştırın. Örtün ve 25 ila 30 dakika pişirin.

3. Bu arada, kalan 1 yemek kaşığı zeytinyağını büyük bir tavada orta ateşte ısıtın. Dilimlenmiş rezeneyi ve soğanı ekleyin. Sık sık karıştırarak 8 ila 10 dakika veya yumuşayana ve hafifçe kızarana kadar pişirin. Kalan ½ çay kaşığı karabiberle tatlandırın. Köfteleri ve marinara sosunu, rezene ve soğan sosunun üzerine servis edin.

FESLEĞEN VE ÇAM FISTIĞI ILE DOMUZ ETI ILE DOLDURULMUŞ KABAK TEKNELERI

EV ÖDEVI:20 dakika pişirme: 22 dakika pişirme: 20 dakika Verim: 4 porsiyon

ÇOCUKLAR BU YEMESI EĞLENCELI YEMEĞE BAYILACAKLAR.DOMUZ ETI, DOMATES VE TATLI BIBERLE DOLDURULMUŞ IÇI OYULMUŞ KABAK. İSTENIRSE 3 YEMEK KAŞIĞI FESLEĞEN PESTO EKLEYIN (BKZ.YEMEK TARIFI) TAZE FESLEĞEN, MAYDANOZ VE ÇAM FISTIĞI YERINE.

2 orta boy kabak

1 yemek kaşığı sızma zeytinyağı

12 ons kıyma domuz eti

¾ su bardağı doğranmış soğan

2 diş sarımsak, kıyılmış

1 su bardağı doğranmış domates

⅔ fincan ince doğranmış sarı veya turuncu tatlı biber

1 çay kaşığı rezene tohumu, hafifçe ezilmiş

½ çay kaşığı ezilmiş kırmızı biber gevreği

¼ bardak doğranmış taze fesleğen

3 yemek kaşığı taze maydanoz, şeritler halinde kesilmiş

2 yemek kaşığı kavrulmuş çam fıstığı (bkz.eğim) ve iri doğranmış

1 çay kaşığı ince rendelenmiş limon kabuğu

1. Fırını önceden 350°F'a ısıtın. Kabağı uzunlamasına ikiye bölün ve ¼ inç kalınlığında bir kabuk bırakarak ortasını dikkatlice kazıyın. Kabak posasını irice doğrayın ve bir kenara koyun. Kabak yarımlarını, kenarları yukarı bakacak şekilde folyo kaplı bir fırın tepsisine yerleştirin.

2. İçi doldurmak için büyük bir tavada zeytinyağını orta-yüksek ateşte ısıtın. Kıyılmış domuz eti ekleyin; Eti parçalamak için tahta kaşıkla karıştırarak pembeleşmeyene kadar pişirin. Yağı boşaltın. Isıyı orta seviyeye düşürün. Ayırılmış kabak posası, soğan ve sarımsağı ekleyin; yaklaşık 8 dakika veya soğan yumuşayana kadar pişirin ve karıştırın. Domatesleri, tatlı biberi, rezene tohumlarını ve ezilmiş kırmızı biberi ekleyin. Yaklaşık 10 dakika veya domatesler yumuşayana ve parçalanmaya başlayana kadar pişirin. Tavayı ocaktan alın. Fesleğen, maydanoz, çam fıstığı ve limon kabuğunu ekleyin. Dolguyu kabak kabukları arasında paylaştırarak küçük bir tümsek oluşturun. 20 ila 25 dakika veya kabak kabukları gevrekleşinceye kadar pişirin.

HINDISTAN CEVIZI SÜTÜ VE OTLARLA KÖRILI DOMUZ ETI VE ANANASLI ERIŞTE KASELERI

EV ÖDEVI:30 dakika pişirme: 15 dakika pişirme: 40 dakika Verim: 4 porsiyon FOTOĞRAF

1 büyük spagetti kabak
2 yemek kaşığı rafine hindistan cevizi yağı
1 pound kıyma domuz eti
2 yemek kaşığı ince doğranmış frenk soğanı
2 yemek kaşığı taze limon suyu
1 yemek kaşığı doğranmış taze zencefil
6 diş sarımsak, kıyılmış
1 yemek kaşığı kıyılmış limon otu
1 yemek kaşığı Tay usulü kırmızı köri, ilave tuzsuz
1 su bardağı doğranmış kırmızı biber
1 su bardağı doğranmış soğan
½ bardak jülyen doğranmış havuç
1 baby bok choy, dilimlenmiş (3 su bardağı)
1 su bardağı dilimlenmiş taze mantar
1 veya 2 Tay kuş biberi, ince dilimlenmiş (bkz. eğim)
1 13,5 onsluk sade hindistan cevizi sütü konservesi (Nature's Way gibi)
½ bardak tavuk kemik suyu (bkz. yemek tarifi) veya tuz eklenmemiş tavuk suyu
¼ bardak taze ananas suyu
3 yemek kaşığı yağ ilavesiz tuzsuz kaju yağı
1 su bardağı taze ananas, küp şeklinde
Limon dilimleri
Taze kişniş, nane ve/veya Tay fesleğen
Kıyılmış Kavrulmuş Kaju Fıstığı

1. Fırını önceden 400°F'ye ısıtın. Mikrodalga spagetti kabakını 3 dakika boyunca yüksek sıcaklıkta pişirin. Kabağı

uzunlamasına dikkatlice ikiye bölün ve çekirdeklerini kazıyın. Kabağın kesilmiş kenarlarına 1 yemek kaşığı hindistancevizi yağı sürün. Kabak yarımlarını, kenarları aşağı bakacak şekilde bir fırın tepsisine yerleştirin. 40 ila 50 dakika kadar veya kabak bir bıçakla kolayca delinebilecek hale gelinceye kadar pişirin. Çatalın uçlarını kullanarak kabukların içindeki posayı kazıyın ve servise hazır olana kadar sıcak tutun.

2. Bu arada orta boy bir kapta domuz eti, yeşil soğan, limon suyu, zencefil, sarımsak, limon otu ve köri tozunu birleştirin; iyice karıştırın. Ekstra büyük bir tavada, kalan 1 yemek kaşığı hindistancevizi yağını orta-yüksek ateşte ısıtın. Domuz eti karışımını ekleyin; Eti parçalamak için tahta kaşıkla karıştırarak pembeleşmeyene kadar pişirin. Tatlı biberi, soğanı ve havucu ekleyin; yaklaşık 3 dakika veya sebzeler gevrekleşinceye kadar pişirin ve karıştırın. Çin lahanasını, mantarları, biberleri, hindistancevizi sütünü, tavuk kemiği suyunu, ananas suyunu ve kaju yağını ekleyin. Kaynatın; ısıyı azaltın. Ananas ekleyin; tamamen ısıtılana kadar kapağı açık olarak pişirin.

3. Servis yapmak için spagetti kabağını dört servis kasesine bölün. Domuz körisini balkabağı üzerinde servis edin. Limon dilimleri, otlar ve kaju fıstığı ile servis yapın.

BAHARATLI SALATALIK SALATASI ILE BAHARATLI IZGARA DOMUZ KÖFTESI

EV ÖDEVI:Izgarada 30 dakika: 10 dakika dinlenme: 10 dakika Verim: 4 porsiyon

ÇITIR SALATALIK SALATASITAZE NANE ILE TATLANDIRILAN BU ÜRÜN, BAHARATLI DOMUZ BURGERLERININ CANLANDIRICI VE CANLANDIRICI BIR TAMAMLAYICISIDIR.

- ⅓ su bardağı zeytinyağı
- ¼ bardak doğranmış taze nane
- 3 yemek kaşığı beyaz şarap sirkesi
- 8 diş sarımsak, kıyılmış
- ¼ çay kaşığı karabiber
- 2 orta boy salatalık, çok ince dilimlenmiş
- 1 küçük soğan, ince dilimlenmiş (yaklaşık ½ bardak)
- 1¼ ila 1½ pound kıyma domuz eti
- ¼ bardak doğranmış taze kişniş
- 1 ila 2 adet taze orta boy jalapeno veya serrano şili, çekirdekleri çıkarılmış (istenirse) ve ince doğranmış (bkz.eğim)
- 2 orta boy kırmızı biber, çekirdeği çıkarılmış ve dörde bölünmüş
- 2 çay kaşığı zeytinyağı

1. Büyük bir kapta ⅓ su bardağı zeytinyağı, nane, sirke, 2 diş kıyılmış sarımsak ve karabiberi çırpın. Dilimlenmiş salatalık ve soğanı ekleyin. İyice kaplanana kadar karıştırın. Servis yapmaya hazır oluncaya kadar örtün ve soğutun, bir veya iki kez karıştırın.

2. Büyük bir kapta domuz eti, kişniş, kırmızı biber ve kalan 6 diş kıyılmış sarımsağı birleştirin. Dört adet ¾ inç kalınlığında köfte haline getirin. Biber çeyreklerini 2 çay kaşığı zeytinyağıyla hafifçe fırçalayın.

3. Kömürlü veya gazlı ızgara için hamburgerleri ve tatlı biber dilimlerini doğrudan orta ateşte yerleştirin. Domuz köftelerinin yanlarına yerleştirilen anında okunan bir termometre 160°F'yi kaydedene ve biber çeyrekleri yumuşak ve hafifçe kömürleşene kadar örtün ve kızartın, burgerleri ve biber çeyreklerini kavurma işleminin yarısına gelindiğinde çevirin. Burgerler için 10 ila 12 dakika, biber dilimleri için ise 8 ila 10 dakika bekleyin.

4. Biber dilimleri hazır olduğunda, onları tamamen kaplayacak şekilde bir parça alüminyum folyoya sarın. Yaklaşık 10 dakika veya elle tutulabilecek kadar soğuyana kadar bekletin. Keskin bir bıçak kullanarak biberlerin derisini dikkatlice çıkarın. Biberleri uzunlamasına ince ince kesin.

5. Servis yapmak için salatalık salatasını karıştırın ve dört büyük servis tabağına eşit şekilde dökün. Her tabağa bir domuz burgeri ekleyin. Kırmızı biber dilimlerini burgerlerin üzerine eşit şekilde dizin.

GÜNEŞTE KURUTULMUŞ DOMATES PESTO, TATLI BIBER VE İTALYAN SOSISLI KABAK KABUKLU PIZZA

EV ÖDEVI:30 dakika pişirme: 15 dakika pişirme: 30 dakika Verim: 4 porsiyon

BU BIR BIÇAK VE ÇATAL PIZZASI.SOSISLERI VE BIBERLERI PESTO KAPLI KABUĞA HAFIFÇE BASTIRDIĞINIZDAN EMIN OLUN, BÖYLECE PIZZANIN MÜKEMMEL ŞEKILDE DILIMLENMESINE YETECEK KADAR MALZEME YAPIŞIR.

2 yemek kaşığı zeytinyağı
1 yemek kaşığı ince öğütülmüş badem
1 büyük yumurta, hafifçe dövülmüş
½ su bardağı badem unu
1 yemek kaşığı şeritler halinde kesilmiş taze kekik
¼ çay kaşığı karabiber
3 diş sarımsak, kıyılmış
3½ su bardağı rendelenmiş kabak (2 orta boy)
İtalyan sosisi (bkz.yemek tarifi, altında)
1 yemek kaşığı sızma zeytinyağı
1 tatlı biber (sarı, kırmızı veya her birinin yarısı), çekirdekleri çıkarılmış ve çok ince şeritler halinde kesilmiş
1 küçük soğan, ince dilimlenmiş
Güneşte kurutulmuş domates pesto (bkz.yemek tarifi, altında)

1. Fırını önceden 425°F'ye ısıtın. 12 inçlik pizza tavasını 2 yemek kaşığı zeytinyağıyla yağlayın. Öğütülmüş badem serpin; bir kenara koyun.

2. Taban için geniş bir kapta yumurta, badem unu, kekik, karabiber ve sarımsağı birleştirin. Rendelenmiş kabakları temiz bir havlu veya tülbentin üzerine koyun. İyi sarın

LIMONLU VE KIŞNIŞLI FÜME KUZU BUDU, IZGARA KUŞKONMAZLI

DALDIRIN:30 dakika hazırlama: 20 dakika ızgara: 45 dakika dinlenme: 10 dakika Verim: 6 ila 8 porsiyon

BASIT AMA ZARIF, BU YEMEĞİN ÖZELLİKLERİİLKBAHARDA HAYAT BULAN IKI MALZEME: KUZU ETI VE KUŞKONMAZ. KIŞNIŞ TOHUMLARINI KIZARTMAK SICAK, DÜNYEVİ VE HAFIF MAYHOŞ TADI ARTIRIR.

1 su bardağı ceviz talaşı
2 yemek kaşığı kişniş tohumu
2 yemek kaşığı ince rendelenmiş limon kabuğu
1½ çay kaşığı karabiber
2 yemek kaşığı taze kekik, şeritler halinde kesilmiş
1 kemiksiz kuzu budu, 2 ila 3 pound
2 demet taze kuşkonmaz
1 yemek kaşığı zeytinyağı
¼ çay kaşığı karabiber
1 limon dörde bölünmüş

1. Sigara içmeden en az 30 dakika önce ceviz pullarını bir kasede üzerini kaplayacak kadar suya batırın; bir kenara koyun. Bu arada, küçük bir tavada kişniş tohumlarını orta ateşte yaklaşık 2 dakika veya sık sık karıştırarak kokusu çıkana ve gevrekleşene kadar kızartın. Tohumları tavadan çıkarın; soğumaya bırakın. Tohumlar soğuduğunda havanda ve havanda ezin (veya tohumları bir kesme tahtasının üzerine koyun ve tahta kaşığın arkasıyla ezin). Küçük bir kapta ezilmiş kişniş tohumlarını, limon kabuğunu, 1½ çay kaşığı biberi ve kekiği birleştirin; bir kenara koyun.

2. Varsa, kuzu kızartmanın ağlarını çıkarın. Çalışma yüzeyinde, rostoyu yağlı tarafı aşağı bakacak şekilde açın. Baharat karışımının yarısını etin üzerine serpin; parmaklarınızla ovalayın. Kızartmayı yuvarlayın ve dört ila altı parça %100 pamuklu mutfak ipiyle bağlayın. Kalan baharat karışımını kızartmanın dış kısmına serpin ve yapışması için hafifçe bastırın.

3. Kömürlü ızgara için, kömürleri orta ateşte bir damlama kabının etrafına yerleştirin. Tavayı orta derecede ısıtmayı deneyin. Süzülen talaşları kömürlerin üzerine serpin. Kızarmış kuzuyu damlama tepsisinin üzerindeki ızgaraya yerleştirin. Kapağı kapatın ve orta ateşte (145°F) 40 ila 50 dakika boyunca tütsüleyin. (Gazlı ızgara için, ızgarayı önceden ısıtın. Isıyı orta dereceye düşürün. Dolaylı pişirme için ayarlayın. Yukarıdaki gibi dumanlayın, ancak üreticinin talimatlarına göre süzülmüş talaş ekleyin.) Kızartmayı alüminyum folyo ile gevşek bir şekilde örtün. Kesmeden önce 10 dakika dinlendirin.

4. Bu arada kuşkonmazın odunsu uçlarını kesin. Büyük bir kapta kuşkonmazı zeytinyağı ve ¼ çay kaşığı biberle karıştırın. Kuşkonmazı ızgaranın dış kenarlarına, doğrudan kömürlerin üzerine ve ızgara ızgarasına dik olacak şekilde yerleştirin. Kapağını kapatıp çıtır çıtır olana kadar 5 ila 6 dakika ızgara yapın. Kuşkonmazın üzerine limon dilimlerini sıkın.

5. Kızarmış kuzunun ipini çıkarın ve eti ince dilimler halinde kesin. Eti ızgara kuşkonmazla birlikte servis edin.

KUZU GÜVEÇ

EV ÖDEVI:30 dakikalık pişirme: 2 saat 40 dakika Verim: 4 porsiyon

BU LEZZETLI GÜVEÇLE IÇINIZ ISINSINBIR SONBAHAR YA DA KIŞ GECESI. GÜVEÇ, KADIFEMSI KEREVIZ KÖKÜ VE DIJON HARDALI, KAJU KREMASI VE FRENK SOĞANI ILE TATLANDIRILMIŞ YABAN HAVUCU PÜRESI ÜZERINDE SERVIS EDILIR. NOT: KEREVIZ KÖKÜNE BAZEN KEREVIZ DENIR.

10 adet karabiber

6 adaçayı yaprağı

3 bütün yenibahar

2 2 inçlik portakal kabuğu şeritleri

2 kilo kemiksiz kuzu omuz

3 yemek kaşığı zeytinyağı

2 orta boy soğan, iri doğranmış

1 14,5 onsluk domates, tuz eklenmeden, süzülmeden doğranmış olabilir

1½ bardak sığır eti kemik suyu (bkz.yemek tarifi) veya tuz eklenmemiş et suyu

¾ bardak sek beyaz şarap

3 büyük diş sarımsak, ezilmiş ve soyulmuş

2 pound kereviz kökü, soyulmuş ve 1 inçlik küpler halinde kesilmiş

6 orta boy yaban havucu, soyulmuş ve 1 inçlik dilimler halinde kesilmiş (yaklaşık 2 pound)

2 yemek kaşığı zeytinyağı

2 yemek kaşığı kaju kreması (bkz.yemek tarifi)

1 yemek kaşığı Dijon usulü hardal (bkz.yemek tarifi)

¼ bardak şeritler halinde kesilmiş frenk soğanı

1. Buket garnisi için 7 inçlik bir tülbent karesi kesin. Tülbentin ortasına karabiber, adaçayı, yenibahar ve portakal kabuğunu yerleştirin. Tülbentin köşelerini kaldırın ve temiz %100 pamuklu mutfak ipiyle sıkıca bağlayın. Bir kenara koyun.

2. Kuzu omuzundaki yağı kesin; kuzuyu 1 inçlik parçalar halinde kesin. Hollandalı bir fırında, 3 yemek kaşığı zeytinyağını orta ateşte ısıtın. Kuzu eti gerekiyorsa gruplar halinde sıcak yağda kızarana kadar pişirin; Tavadan alıp sıcak tutun. Tavaya soğan ekleyin; 5 ila 8 dakika veya yumuşayana ve hafifçe kızarana kadar pişirin. Buket garni, süzülmemiş domates, 1¼ su bardağı dana kemik suyu, şarap ve sarımsak ekleyin. Kaynatın; ısıyı azaltın. Ara sıra karıştırarak, kapağı kapalı olarak 2 saat pişirin. Buket garnisini çıkarın ve atın.

3. Bu arada püre haline getirmek için kereviz kökünü ve yaban havuçlarını büyük bir tencereye koyun; suyla örtün. Orta-yüksek ateşte kaynatın; ısıyı düşük seviyeye düşürün. Kapağını kapatıp 30 ila 40 dakika veya sebzeler çatalla delindiğinde çok hassas hale gelinceye kadar pişirin. Tahliye etmek; sebzeleri mutfak robotuna yerleştirin. Kalan ¼ bardak dana kemik suyunu ve 2 yemek kaşığı yağı ekleyin; Püre neredeyse pürüzsüz hale gelinceye kadar ama yine de bir miktar dokuya sahip olana kadar nabız atın, kenarları kazımak için bir veya iki kez durun. Püreyi bir kaseye aktarın. Kaju kremasını, hardalı ve frenk soğanını ekleyin.

4. Servis etmek için püreyi dört kaseye bölün; üstüne Kuzu Güveç ekleyin.

KEREVIZ KÖK ERIŞTELI KUZU YAHNI

EV ÖDEVI: 30 dakikada pişirin: 1 saat 30 dakika Verim: 6 porsiyon

KEREVIZ KÖKÜ BAMBAŞKA BIR GÖRÜNÜME BÜRÜNÜR. KUZU GÜVECINDEN ÇOK BU GÜVEÇTE KULLANILIR (BKZ. YEMEK TARIFI). TATLI, CEVIZLI KÖKTEN ÇOK INCE ŞERITLER OLUŞTURMAK IÇIN BIR MANDOLIN DILIMLEYICI KULLANILIR. "ERIŞTELER" YUMUŞAYANA KADAR GÜVEÇTE KAYNATILIR.

- 2 çay kaşığı limon otu baharatı (bkz. yemek tarifi)
- 1½ pound kuzu güveç eti, 1 inç küpler halinde kesilmiş
- 2 yemek kaşığı zeytinyağı
- 2 su bardağı doğranmış soğan
- 1 su bardağı doğranmış havuç
- 1 su bardağı doğranmış şalgam
- 1 yemek kaşığı kıyılmış sarımsak (6 diş)
- 2 yemek kaşığı tuzsuz domates salçası
- ½ fincan sek kırmızı şarap
- 4 su bardağı dana kemik suyu (bkz. yemek tarifi) veya tuz eklenmemiş et suyu
- 1 defne yaprağı
- 2 bardak kabak, 1 inçlik küpler halinde kesilmiş
- 1 su bardağı doğranmış patlıcan
- 1 pound kereviz kökü, soyulmuş
- Kıyılmış taze maydanoz

1. Fırını önceden 250°F'ye ısıtın. Limon otu baharatını kuzunun üzerine eşit şekilde serpin. Kaplamak için yavaşça atın. Orta-yüksek ateşte 6 ila 8 litrelik bir Hollanda fırınını ısıtın. Hollandalı fırına 1 yemek kaşığı zeytinyağı ve terbiyeli kuzu etinin yarısını ekleyin. Etin her tarafı kızgın yağda kızartılır; Kızartılmış eti bir tabağa aktarın ve geri kalan kuzu eti ve zeytinyağıyla aynı işlemi tekrarlayın. Isıyı orta seviyeye düşürün.

2. Tencereye soğan, havuç ve şalgamı ekleyin. Sebzeleri 4 dakika pişirin ve karıştırın; Sarımsak ve domates salçasını ekleyip 1 dakika daha pişirin. Kırmızı şarabı, dana kemik suyunu, defne yaprağını, ayrılmış dana etini ve birikmiş meyve sularını tencereye ekleyin. Karışımı kaynama noktasına getirin. Hollandalı fırını örtün ve önceden ısıtılmış fırına yerleştirin. 1 saat pişirin. Kabak ve patlıcanı ekleyin. Fırına dönün ve 30 dakika daha pişirin.

3. Güveç fırındayken kereviz kökünü mandolin kullanarak çok ince dilimleyin. Kereviz kökü dilimlerini yarım inç genişliğinde şeritler halinde kesin. (Yaklaşık 4 bardak almalısınız.) Kereviz kökü şeritlerini güveçte karıştırın. Yaklaşık 10 dakika veya yumuşayana kadar pişirin. Güveci servis etmeden önce defne yaprağını çıkarın ve atın. Her porsiyona kıyılmış maydanoz serpin.

BAHARATLI NAR VE HURMA SOSLU KUZU PIRZOLA

EV ÖDEVİ:10 dakika pişirme: 18 dakika soğutma: 10 dakika Verim: 4 porsiyon

"FRANSIZ" TERIMI KABURGA ANLAMINA GELIRKESKIN BIR MUTFAK BIÇAĞIYLA YAĞ, ET VE BAĞ DOKULARI ALINMIŞ. İLGI ÇEKICI BIR SUNUMDUR. KASABINIZDAN YAPMASINI ISTEYIN YA DA KENDINIZ YAPABILIRSINIZ.

HINT TURŞUSU
½ su bardağı şekersiz nar suyu

1 yemek kaşığı taze limon suyu

1 arpacık soğanı, soyulmuş ve ince halkalar halinde dilimlenmiş

1 çay kaşığı ince rendelenmiş portakal kabuğu

⅓ bardak doğranmış Medjool hurması

¼ çay kaşığı ezilmiş kırmızı biber

¼ bardak nar taneleri *

1 yemek kaşığı zeytinyağı

1 yemek kaşığı doğranmış taze İtalyan (düz yaprak) maydanoz

KUZU PIRZOLA
2 yemek kaşığı zeytinyağı

8 adet Fransız usulü kuzu kaburga pirzolası

1. Hint turşusu için küçük bir tencerede nar suyu, limon suyu ve arpacık soğanını birleştirin. Kaynatın; ısıyı azaltın. Kapağı açık olarak 2 dakika pişirin. Portakal kabuğunu, hurmaları ve ezilmiş kırmızı biberi ekleyin. Yaklaşık 10 dakika soğuyana kadar bekletin. Nar tanelerini, 1 yemek kaşığı zeytinyağını ve maydanozu ekleyin. Servis yapmaya hazır olana kadar oda sıcaklığında dinlendirin.

2. Pirzolalar için büyük bir tavada 2 yemek kaşığı zeytinyağını orta ateşte ısıtın. Gruplar halinde çalışarak pirzolaları tavaya ekleyin ve orta ateşte (145°F) bir kez çevirerek 6 ila 8 dakika pişirin. Pirzolaları acı sosla kaplayın.

*Not: Taze narlar ve onların taneleri veya tohumları Ekim'den Şubat'a kadar mevcuttur. Bunları bulamazsanız, Hint turşusuna bir çıtırlık katmak için kurutulmuş şekersiz tohumları kullanın.

SOTELENMİŞ RADICCHIO LAHANALI CHIMICHURRI KUZU PIRZOLA

EV ÖDEVI:30 dakika Marine etme: 20 dakika Pişirme: 20 dakika Verim: 4 porsiyon

ARJANTIN'DE CHIMICHURRI EN POPÜLER ÇEŞNIDIR. O ÜLKENIN ÜNLÜ GAUCHO TARZI IZGARA BIFTEĞINE EŞLIK EDIYOR. PEK ÇOK ÇEŞIDI VARDIR, ANCAK KALIN BITKI SOSU GENELLIKLE MAYDANOZ, KIŞNIŞ VEYA KEKIK, ARPACIK SOĞANI VE/VEYA SARIMSAK, EZILMIŞ KIRMIZI BIBER, ZEYTINYAĞI VE KIRMIZI ŞARAP SIRKESI ILE YAPILIR. IZGARA BIFTEKTE MÜKEMMELDIR, ANCAK KAVRULMUŞ VEYA TAVADA KIZARTILMIŞ KUZU PIRZOLA, TAVUK VE DOMUZ ETI ÜZERINDE DE AYNI DERECEDE MÜKEMMELDIR.

8 adet kuzu fileto pirzola, 1 inç kalınlığında kesilmiş
½ fincan chimichurri sosu (bkz. yemek tarifi)
2 yemek kaşığı zeytinyağı
1 tatlı soğan, yarıya bölünmüş ve dilimlenmiş
1 çay kaşığı kimyon tohumu, ezilmiş*
1 diş sarımsak, kıyılmış
1 baş hindiba, çekirdeği çıkarılmış ve ince şeritler halinde kesilmiş
1 yemek kaşığı balzamik sirke

1. Kuzu pirzolalarını ekstra geniş bir kaseye yerleştirin. 2 yemek kaşığı chimichurri sosunu gezdirin. Parmaklarınızı kullanarak sosu her pirzolanın tüm yüzeyine sürün. Pirzolaları oda sıcaklığında 20 dakika marine etmeye bırakın.

2. Bu arada sotelenmiş radikşi salatası için ekstra geniş bir tavada 1 yemek kaşığı zeytinyağını ısıtın. Soğanı, kimyon tohumlarını ve sarımsağı ekleyin; Sık sık karıştırarak 6 ila

7 dakika veya soğan yumuşayana kadar pişirin. Hindiba ekleyin; 1 ila 2 dakika veya radicchio hafifçe solana kadar pişirin. Salatayı geniş bir kaseye aktarın. Balzamik sirke ekleyin ve birleştirmek için iyice karıştırın. Örtün ve sıcak tutun.

3. Tavayı temizleyin. Kalan 1 yemek kaşığı zeytinyağını tavaya ekleyin ve orta-yüksek ateşte ısıtın. Kuzu pirzolasını ekleyin; ısıyı orta seviyeye düşürün. Pirzolaları ara sıra maşayla çevirerek 9 ila 11 dakika veya istenen pişene kadar pişirin.

4. Pirzolaları salata ve chimichurri sosunun geri kalanıyla birlikte servis edin.

*Not: Kimyon tohumlarını ezmek için havan ve havan tokmağı kullanın veya tohumları bir kesme tahtası üzerine yerleştirin ve bir şef bıçağıyla ezin.

HAVUÇ VE TATLI PATATES REMOULADE ILE ANCHO-ADAÇAYI OVMA KUZU PIRZOLA

EV ÖDEVI:12 dakika soğuk: 1 ila 2 saat ızgara: 6 dakika verim: 4 porsiyon

ÜÇ ÇEŞIT KUZU PIRZOLASI VARDIR.KALIN, ETLI FILETO PIRZOLALARI KÜÇÜK ANTRIKOTLARA BENZIYOR. BURADA ADI GEÇEN KABURGA PIRZOLASI, BIR KUZU KABURGANIN KEMIKLERI ARASINDAN KESILEREK OLUŞTURULUR. ÇOK HASSASTIRLAR VE YANLARINDA UZUN, ÇEKICI BIR KEMIK VARDIR. GENELLIKLE IZGARA VEYA IZGARADA SERVIS EDILIRLER. UCUZ OMUZ PIRZOLALARI DIĞER IKI TÜRE GÖRE BIRAZ DAHA ŞIŞMAN VE DAHA AZ YUMUŞAKTIR. BUNLARI KIZARTMAK VE ARDINDAN ŞARAP, ET SUYU VE DOMATESLE VEYA BUNLARIN BIR KOMBINASYONUYLA KIZARTMAK EN IYISIDIR.

3 orta boy havuç, iri rendelenmiş

2 küçük tatlı patates, jülyen kesilmiş* veya iri rendelenmiş

½ bardak Paleo Mayo (bkz.yemek tarifi)

2 yemek kaşığı taze limon suyu

2 çay kaşığı Dijon usulü hardal (bkz.yemek tarifi)

2 yemek kaşığı kıyılmış taze maydanoz

½ çay kaşığı karabiber

8 kuzu kaburga pirzolası, ½ ila ¾ inç kalınlığında kesilmiş

2 yemek kaşığı taze adaçayı, şeritler halinde kesilmiş veya 2 çay kaşığı kurutulmuş adaçayı, ezilmiş

2 çay kaşığı öğütülmüş ancho chili

½ çay kaşığı sarımsak tozu

1. Yeniden formül için orta boy bir kapta havuçları ve tatlı patatesleri birleştirin. Küçük bir kapta Paleo Mayo, limon

suyu, Dijon hardalı, maydanoz ve karabiberi birlikte çırpın. Havuç ve tatlı patateslerin üzerine dökün; ceketine fırlat. Örtün ve 1 ila 2 saat soğutun.

2. Bu arada küçük bir kapta adaçayı, ancho şili ve sarımsak tozunu birleştirin. Baharat karışımını kuzu pirzolaların üzerine sürün.

3. Kömürlü veya gazlı ızgara için kuzu pirzolalarını doğrudan orta ateşteki ızgaraya yerleştirin. Kapağı kapatın ve orta pişmiş (145°F) için 6 ila 8 dakika veya orta pişmiş (150°F) için 10 ila 12 dakika ızgara yapın, ızgaranın yarısına gelindiğinde bir kez çevirin.

4. Kuzu pirzolalarını yeniden formülle birlikte servis edin.

*Not: Tatlı patatesleri dilimlemek için jülyen aparatlı bir mandolin kullanın.

BAHÇEDE KIRMIZI BIBER SOSLU KUZU BURGER DOLMASI

EV ÖDEVI:20 dakika dinlenme: 15 dakika ızgara: 27 dakika verim: 4 porsiyon

COULIS BASIT VE YUMUŞAK BIR SOSTAN BAŞKA BIR ŞEY DEĞILDIR.PÜRE HALINE GETIRILMIŞ MEYVE VEYA SEBZELERLE YAPILIR. BU KUZU BURGERLERIN PARLAK, GÜZEL KIRMIZI BIBER SOSU ÇIFT DOZ DUMAN ALIYOR: IZGARADAN VE BIR SHOT FÜME KIRMIZI BIBERDEN.

KIRMIZI BIBER PÜRESI
1 büyük kırmızı biber
1 yemek kaşığı kuru beyaz şarap sirkesi veya beyaz şarap
1 çay kaşığı zeytinyağı
½ çay kaşığı füme kırmızı biber

BURGERLER
¼ bardak kükürtsüz güneşte kurutulmuş domates, şeritler halinde kesilmiş
¼ bardak rendelenmiş kabak
1 yemek kaşığı doğranmış taze fesleğen
2 çay kaşığı zeytinyağı
½ çay kaşığı karabiber
1½ pound öğütülmüş kuzu
1 yumurta beyazı, hafifçe çırpılmış
1 yemek kaşığı Akdeniz baharatı (bkz.yemek tarifi)

1. Kırmızı biber çorbası için kırmızı biberi doğrudan orta ateşteki ızgaraya yerleştirin. Kapağı kapatın ve 15 ila 20 dakika veya kömürleşene ve iyice yumuşayana kadar ızgara yapın, biberin her iki tarafını da kömürleşene kadar her 5 dakikada bir çevirin. Izgaradan çıkarın ve biberi tamamen kaplayacak şekilde hemen bir kağıt torbaya

veya alüminyum folyoya koyun. 15 dakika veya elle tutulabilecek kadar soğuyana kadar bekletin. Keskin bir bıçak kullanarak cildi dikkatlice çıkarın ve atın. Biberleri uzunlamasına dörde bölün ve saplarını, çekirdeklerini ve zarlarını çıkarın. Bir mutfak robotunda közlenmiş biberi, şarabı, zeytinyağını ve füme kırmızı biberi birleştirin. Örtün ve pürüzsüz olana kadar işleyin veya karıştırın.

2. Bu arada iç harcı için güneşte kurutulmuş domatesleri küçük bir kaseye koyun ve üzerini kaynar suyla örtün. 5 dakika bekletin; tahliye etmek. Domatesleri ve rendelenmiş kabakları kağıt havluyla kurulayın. Küçük bir kapta domates, kabak, fesleğen, zeytinyağı ve ¼ çay kaşığı karabiberi karıştırın; bir kenara koyun.

3. Büyük bir kapta kuzu eti, yumurta akı, kalan ¼ çay kaşığı karabiber ve Akdeniz baharatlarını birleştirin; iyice karıştırın. Et karışımını sekiz eşit parçaya bölün ve her birine yarım santim kalınlığında köfte şekli verin. Köftelerden dördünün üzerine dolguyu dökün; kalan empanadaları üst üste koyun ve dolguyu kapatmak için kenarları sıkıştırın.

4. Burgerleri doğrudan orta ateşteki ızgaraya yerleştirin. Kapağı kapatın ve 12 ila 14 dakika veya pişene kadar (160°F) ızgara yapın, ızgara boyunca yarıya kadar bir kez çevirin.

5. Servis etmek için burgerlerin üzerine kırmızı biber sos ekleyin.

DUBLE KEKIK VE TZATZIKI SOSLU KUZU ŞIŞ

DALDIRIN:30 dakika hazırlama: 20 dakika soğutma: 30 dakika ızgaralama: 8 dakika
Verim: 4 porsiyon

BU KUZU ŞİŞLERİ ASLINDA AKDENİZ VE ORTA DOĞU'DA KÖFTE OLARAK BİLİNEN ŞEY: BAHARATLI KIYMA (GENELLİKLE KUZU VEYA DANA ETİ) TOPLAR HALİNDE VEYA ŞİŞ ETRAFINDA ŞEKİLLENDİRİLİP IZGARADA PİŞİRİLİR. TAZE KURUTULMUŞ KEKİK ONLARA HARİKA BİR YUNAN TADI VERİR.

8 adet 10 inçlik tahta şiş

KUZU ŞIŞ

1½ pound yağsız kıyma kuzu

1 küçük soğan, rendelenmiş ve kuru sıkılmış

1 yemek kaşığı şeritler halinde kesilmiş taze kekik

2 çay kaşığı kurutulmuş kekik, ezilmiş

1 çay kaşığı karabiber

CACIK SOSU

1 bardak Paleo Mayo (bkz.yemek tarifi)

½ büyük salatalık, çekirdeği çıkarılmış, parçalanmış ve kuru olarak sıkılmış

2 yemek kaşığı taze limon suyu

1 diş sarımsak, kıyılmış

1. Şişleri üzerini kaplayacak kadar suda 30 dakika bekletin.

2. Kuzu şişleri için büyük bir kapta çekilmiş kuzu eti, soğan, taze ve kurutulmuş kekik ve biberi birleştirin; iyice karıştırın. Kuzu karışımını sekiz eşit parçaya bölün. Her parçayı bir şişin yaklaşık yarısına şekillendirerek 5 × 1 inçlik bir kütük oluşturun. En az 30 dakika boyunca örtün ve soğutun.

3. Bu arada Tzatziki sosu için küçük bir kapta Paleo Mayo, salatalık, limon suyu ve sarımsağı birleştirin. Servis edene kadar örtün ve soğutun.

4. Kömürlü veya gazlı ızgara için kuzu şişleri doğrudan orta ateşteki ızgaraya yerleştirin. Kapağı kapatın ve orta ateşte (160°F) yaklaşık 8 dakika ızgara yapın, ızgaranın yarısına gelindiğinde bir kez çevirin.

5. Kuzu şişlerini Tzatziki sosla servis edin.

SAFRAN VE LIMONLU KAVRULMUŞ TAVUK

EV ÖDEVI:15 dakika soğutma: 8 saat kavurma: 1 saat 15 dakika dinlenme: 10 dakika
Verim: 4 porsiyon

SAFRAN KURU STAMENLERDIRBIR ÇEŞIT SAFRAN ÇIÇEĞI. PAHALIDIR, ANCAK BIRAZ UZUN BIR YOL KAT EDER. BU ÇITIR DERILI KIZARMIŞ TAVUĞA KENDINE ÖZGÜ DÜNYEVI LEZZETINI VE GÜZEL SARI TONUNU KATIYOR.

1 bütün tavuk, 4 ila 5 pound

3 yemek kaşığı zeytinyağı

6 diş sarımsak, ezilmiş ve soyulmuş

1½ yemek kaşığı ince rendelenmiş limon kabuğu

1 yemek kaşığı taze kekik

1½ çay kaşığı öğütülmüş karabiber

½ çay kaşığı safran ipi

2 adet defne yaprağı

1 limon dörde bölünmüş

1. Tavuğun boynunu ve sakatatlarını çıkarın; Atın veya başka bir kullanım için saklayın. Tavuğun vücut boşluğunu durulayın; kağıt havluyla kurulayın. Tavuktaki fazla deriyi veya yağı kesin.

2. Bir mutfak robotunda zeytinyağı, sarımsak, limon kabuğu, kekik, biber ve safranı birleştirin. Pürüzsüz bir macun oluşturmak için işlem yapın.

3. Parmaklarınızı kullanarak macunu tavuğun dış yüzeyine ve iç boşluğuna sürün. Tavuğu büyük bir kaseye aktarın; örtün ve en az 8 saat veya gece boyunca buzdolabında saklayın.

4. Fırını önceden 425°F'a ısıtın. Limon dilimlerini ve defne yapraklarını tavuğun boşluğuna yerleştirin. Bacaklarınızı %100 pamuklu mutfak ipiyle bağlayın. Kanatları tavuğun altına sıkıştırın. Kemiğe dokunmadan uyluk kasının içine fırında güvenli bir et termometresi yerleştirin. Tavukları büyük bir fırın tepsisindeki rafa yerleştirin.

5. 15 dakika kızartın. Fırın sıcaklığını 375°F'a düşürün. Yaklaşık 1 saat daha veya meyve suları berraklaşana ve termometre 175°F'yi kaydedene kadar kızartın. Tavuk sazanı folyoyla örtün. Kesmeden önce 10 dakika dinlendirin.

JICAMA SALATASI ILE SPATCHCOCKED TAVUK

EV ÖDEVI: 40 dakika ızgara: 1 saat 5 dakika dinlenme: 10 dakika verim: 4 porsiyon

"SPATCHCOCK" ESKI BIR YEMEK PIŞIRME TERIMIDIRBU TERIM YAKIN ZAMANDA TAVUK VEYA CORNISH TAVUĞU GIBI KÜÇÜK BIR KUŞUN ARKADAN BÖLÜNMESI VE ARDINDAN DAHA HIZLI VE EŞIT ŞEKILDE PIŞMESINE YARDIMCI OLMAK IÇIN BIR KITAP GIBI AÇILIP DÜZLEŞTIRILMESI SÜRECINI TANIMLAMAK IÇIN YENIDEN KULLANILDI. KELEBEKLERIN UÇUŞUNA BENZER, ANCAK YALNIZCA KÜMES HAYVANLARINI IFADE EDER.

TAVUK
1 poblano şili
1 yemek kaşığı ince doğranmış arpacık soğanı
3 diş sarımsak, kıyılmış
1 çay kaşığı ince rendelenmiş limon kabuğu
1 çay kaşığı ince rendelenmiş limon kabuğu
1 çay kaşığı füme baharat (bkz.yemek tarifi)
½ çay kaşığı kurutulmuş kekik, ezilmiş
½ çay kaşığı öğütülmüş kimyon
1 yemek kaşığı zeytinyağı
1 bütün tavuk, 3 ila 3½ pound

LAHANA SALATASI
½ orta boy jicama, soyulmuş ve jülyen doğranmış (yaklaşık 3 bardak)
½ su bardağı ince dilimlenmiş frenk soğanı (4)
1 Granny Smith elması, soyulmuş, çekirdeği çıkarılmış ve jülyen doğranmış
⅓ bardak taze kişniş, şeritler halinde kesilmiş
3 yemek kaşığı taze portakal suyu
3 yemek kaşığı zeytinyağı
1 çay kaşığı limon otu baharatı (bkz.yemek tarifi)

1. Kömürlü ızgara için orta-sıcak kömürleri ızgaranın bir tarafına yerleştirin. Izgaranın boş tarafının altına bir damlama tepsisi yerleştirin. Poblano'yu ızgara ızgarasının üzerine doğrudan orta boy kömürlerin üzerine yerleştirin. Kapağı kapatın ve 15 dakika boyunca veya poblano'nun her tarafı kömürleşene kadar ara sıra çevirerek ızgara yapın. Poblano'yu hemen alüminyum folyoya sarın; 10 dakika bekletin. Folyoyu açın ve poblano'yu uzunlamasına ikiye bölün; sapları ve tohumları çıkarın (bkz.eğim). Keskin bir bıçak kullanarak cildi yavaşça çıkarın ve atın. Poblano'yu ince ince doğrayın. (Gazlı ızgara için, ızgarayı önceden ısıtın; ısıyı orta dereceye düşürün. Dolaylı pişirmeye ayarlayın. Yukarıda belirtildiği gibi yanan ocakta ızgara yapın.)

2. Sos için küçük bir kapta poblano, arpacık soğanı, sarımsak, limon kabuğu, misket limonu kabuğu, duman baharatı, kekik ve kimyonu birleştirin. Yağ ekle; macun yapmak için iyice karıştırın.

3. Tavuğu yaymak için boynu ve sakatatları çıkarın (başka bir kullanım için saklayın). Tavuğu göğüs tarafı aşağı bakacak şekilde bir kesme tahtası üzerine yerleştirin. Boynun ucundan başlayarak omurganın bir tarafında uzunlamasına bir kesim yapmak için mutfak makası kullanın. Boyuna kesimi omurganın karşı tarafına kadar tekrarlayın. Omurgayı çıkarın ve atın. Tavuk derisini yukarı bakacak şekilde yerleştirin. Tavuğun düz durması için göğüs kemiğini kırmak amacıyla göğüslerin arasına bastırın.

4. Göğsün bir tarafındaki boyundan başlayarak parmaklarınızı deri ile et arasında kaydırın, uyluğa doğru ilerledikçe deriyi gevşetin. Uyluk çevresindeki cildi serbest bırakır. Diğer tarafta tekrarlayın. Tavuğun derisinin altındaki etin üzerine ovmayı yaymak için parmaklarınızı kullanın.

5. Tavuğu göğüs tarafı aşağı gelecek şekilde damlama kabının üzerindeki rafa yerleştirin. Alüminyum folyoya sarılmış iki tuğla veya büyük bir dökme demir tava ile tartın. Kapağını kapatıp 30 dakika ızgara yapın. Tavuğu, kemikleri aşağı bakacak şekilde bir rafa çevirin ve tuğla veya tava ile tekrar tartın. Yaklaşık 30 dakika daha veya tavuk artık pembe olmayana kadar (uyluk kasında 175°F) üzeri kapalı olarak kızartın. Tavuğu ızgaradan çıkarın; 10 dakika bekletin. (Gazlı ızgara için tavuğu sıcaktan uzakta ızgaraya yerleştirin. Yukarıda anlatıldığı gibi ızgara yapın.)

6. Bu arada salata için büyük bir kapta jicama, yeşil soğan, elma ve kişnişi birleştirin. Küçük bir kapta portakal suyunu, yağı ve limon otu baharatını birlikte çırpın. Jicama karışımının üzerine dökün ve kaplayın. Tavukları salatayla birlikte servis yapın.

VOTKA, HAVUÇ VE DOMATES SOSLU KAVRULMUŞ TAVUK BUTLARI

EV ÖDEVI:15 dakika pişirme: 15 dakika kavurma: 30 dakika Verim: 4 porsiyon

VOTKA ÇEŞITLI MALZEMELERDEN YAPILABILIRPATATES, MISIR, ÇAVDAR, BUĞDAY VE ARPA, HATTA ÜZÜM GIBI FARKLI YIYECEKLER. HER NE KADAR BU SOSU DÖRT PORSIYONA BÖLDÜĞÜNÜZDE ÇOK FAZLA VOTKA OLMASA DA, PATATES VEYA ÜZÜMLE YAPILAN VOKDANIN PALEO UYUMLU OLMASINA DIKKAT EDIN.

3 yemek kaşığı zeytinyağı

4 adet kemikli tavuk but veya etli tavuk parçaları, derisi alınmış

1 28 onsluk tuz eklenmemiş erik domates, süzülmüş

½ su bardağı ince doğranmış soğan

½ su bardağı ince doğranmış havuç

3 diş sarımsak, kıyılmış

1 çay kaşığı Akdeniz baharatı (bkz.yemek tarifi)

⅛ çay kaşığı acı biber

1 dal taze biberiye

2 yemek kaşığı votka

1 yemek kaşığı doğranmış taze fesleğen (isteğe bağlı)

1. Fırını önceden 375°F'ye ısıtın. Ekstra büyük bir tavada, 2 yemek kaşığı yağı orta-yüksek ateşte ısıtın. Tavuk ekleyin; yaklaşık 12 dakika veya kızarana kadar pişirin, eşit şekilde kahverengiye dönün. Tavayı önceden ısıtılmış fırına yerleştirin. Kapağı açık olarak 20 dakika kadar kızartın.

2. Bu arada sos için domatesleri mutfak makasıyla kesin. Orta boy bir tencerede, kalan yemek kaşığı yağı orta ateşte

ısıtın. Soğan, havuç ve sarımsağı ekleyin; Sık sık karıştırarak 3 dakika veya yumuşayana kadar pişirin. Kesilmiş domatesleri, Akdeniz baharatlarını, kırmızı biberi ve biberiye dalını ekleyin. Orta-yüksek ateşte kaynatın; ısıyı azaltın. Ara sıra karıştırarak 10 dakika boyunca ağzı açık olarak pişirin. Votka ekleyin; 1 dakika daha pişirin; biberiye dalını çıkarın ve atın.

3. Sosu tavada tavuğun üzerine servis edin. Tavayı tekrar fırına verin. Yaklaşık 10 dakika daha veya tavuk yumuşayana ve artık pembe olmayana (175°F) kadar, üstü kapalı olarak ızgara yapın. İstenirse fesleğen serpilir.

POULET RÔTI VE RUTABAGA FRITES

EV ÖDEVI: 40 dakikada pişirin: 40 dakika Verim: 4 porsiyon

ÇITIR ALABAŞ KIZARTMASI ÇOK LEZZETLI KAVRULMUŞ TAVUK VE BERABERINDEKI PIŞIRME SULARI ILE SERVIS EDILIR, ANCAK TEK BAŞINA HAZIRLANDIKLARINDA VE PALEO DOMATES SOSUYLA SERVIS EDILDIĞINDE DE AYNI DERECEDE LEZZETLIDIRLER (BKZ. YEMEK TARIFI) VEYA PALEO AIOLI (SARIMSAK MAYONEZI, BKZ.) ILE BELÇIKA USULÜ SERVIS EDILIR. YEMEK TARIFI).

6 yemek kaşığı zeytinyağı
1 yemek kaşığı Akdeniz baharatı (bkz. yemek tarifi)
4 kemikli, derisiz tavuk budu (toplamda yaklaşık 1 ¼ pound)
4 tavuk budu, derisiz (toplamda yaklaşık 1 pound)
1 bardak kuru beyaz şarap
1 su bardağı tavuk kemik suyu (bkz. yemek tarifi) veya tuz eklenmemiş tavuk suyu
1 küçük soğan, dörde bölünmüş
Zeytin yağı
1½ ila 2 pound rutabaga
2 yemek kaşığı taze frenk soğanı, şeritler halinde kesilmiş
Karabiber

1. Fırını önceden 400°F'ye ısıtın. Küçük bir kapta 1 yemek kaşığı zeytinyağı ve Akdeniz baharatını birleştirin; tavuk parçalarının üzerine sürün. Ekstra büyük fırına dayanıklı bir tavada 2 yemek kaşığı yağı ısıtın. Etli kısımları aşağıya gelecek şekilde tavuk parçalarını ekleyin. Kapağı açık olarak yaklaşık 5 dakika veya altın rengi kahverengi olana kadar pişirin. Tavayı ocaktan alın. Tavuk parçalarını, kızaran tarafları yukarı bakacak şekilde çevirin. Şarap, tavuk kemik suyu ve soğanı ekleyin.

2. Tavayı fırının orta rafına yerleştirin. Kapağı açık olarak 10 dakika pişirin.

3. Bu arada, patates kızartması için geniş bir fırın tepsisini hafifçe zeytinyağıyla kaplayın; bir kenara koyun. Rutabagaları soyun. Keskin bir bıçak kullanarak rutabagaları ½ inçlik dilimler halinde kesin. Dilimleri uzunlamasına ½ inç şeritler halinde kesin. Büyük bir kapta alabaş şeritlerini kalan 3 yemek kaşığı yağla karıştırın. Hazırlanan fırın tepsisine alabaş şeritlerini tek bir tabaka halinde yayın; fırının üst rafına yerleştirin. 15 dakika pişirin; patates kızartmasını çevirin. Tavuğu 10 dakika daha veya artık pembeleşmeyene kadar (175°F) pişirin. Tavuğu fırından çıkarın. Kızartmaları 5 ila 10 dakika veya altın kahverengi ve yumuşak oluncaya kadar pişirin.

4. Sularını saklayarak tavuğu ve soğanı tavadan çıkarın. Sıcak tutmak için tavuk ve soğanı örtün. Meyve sularını orta ateşte kaynatın; ısıyı azaltın. Yaklaşık 5 dakika daha veya meyve suları biraz azalıncaya kadar, kapağı açık olarak pişirin.

5. Servis yapmak için cipsleri frenk soğanı ile karıştırın ve biberle tatlandırın. Tavuğu pişirme suyu ve patates kızartmasıyla birlikte servis edin.

FRENK SOĞANI RUTABAGAS PÜRESI ILE ÜÇ MANTARLI COQ AU VIN

EV ÖDEVI:15 dakika pişirme: 1 saat 15 dakika Verim: 4 ila 6 porsiyon

KASENIN IÇINDE KUM VARSAKURUTULMUŞ MANTARLARI ISLATTIKTAN SONRA (MUHTEMELEN VARDIR), SIVIYI INCE GÖZENEKLI BIR SÜZGEÇ IÇINE YERLEŞTIRILMIŞ ÇIFT KALIN TÜLBENTTEN SÜZÜN.

- 1 ons kurutulmuş porcini veya kuzugöbeği mantarı
- 1 bardak kaynar su
- 2 ila 2½ pound tavuk butları ve butları, derisi alınmış
- Karabiber
- 2 yemek kaşığı zeytinyağı
- 2 orta boy pırasa, uzunlamasına ikiye bölünmüş, durulanmış ve ince dilimlenmiş
- 2 portobello mantarı, dilimlenmiş
- 8 ons taze istiridye mantarı, sapları alınmış ve dilimlenmiş veya dilimlenmiş taze düğme mantarları
- ¼ bardak tuz ilavesiz domates salçası
- 1 çay kaşığı kurutulmuş mercanköşk, ezilmiş
- ½ çay kaşığı kurutulmuş kekik, ezilmiş
- ½ fincan sek kırmızı şarap
- 6 su bardağı tavuk kemik suyu (bkz.yemek tarifi) veya tuz eklenmemiş tavuk suyu
- 2 adet defne yaprağı
- 2 ila 2½ pound rutabagas, soyulmuş ve doğranmış
- 2 yemek kaşığı taze frenk soğanı, şeritler halinde kesilmiş
- ½ çay kaşığı karabiber
- Taze kesilmiş kekik (isteğe bağlı)

1. Küçük bir kapta porcini mantarlarını ve kaynar suyu birleştirin; 15 dakika bekletin. Islatma sıvısını saklayarak mantarları çıkarın. Mantarları doğrayın. Mantarları ve ıslatma sıvısını bir kenara koyun.

2. Tavuğu biberle serpin. Sıkı kapanan kapağı olan ekstra büyük bir tavada, 1 çorba kaşığı zeytinyağını orta-yüksek ateşte ısıtın. Tavuk parçalarını iki parti halinde sıcak yağda, bir kez çevirerek hafifçe kızarana kadar yaklaşık 15 dakika pişirin. Tavuğu tavadan çıkarın. Pırasayı, portobello mantarını ve istiridye mantarını ekleyin. 4 ila 5 dakika veya mantarlar kahverengileşene kadar ara sıra karıştırarak pişirin. Domates salçası, mercanköşk ve kekiği ekleyin; 1 dakika pişirin ve karıştırın. Şarap ekleyin; 1 dakika pişirin ve karıştırın. 3 su bardağı tavuk kemiği suyu, defne yaprağı, ½ su bardağı ayrılmış mantar ıslatma sıvısı ve rehidre edilmiş doğranmış mantarları ekleyin. Tavuğu tekrar tavaya alın. Kaynatın; ısıyı azaltın. Kısık ateşte, kapağı kapalı olarak pişirin,

3. Bu arada büyük bir tencerede şalgamları ve kalan 3 bardak suyu birleştirin. Gerekirse rutabagaları kaplayacak kadar su ekleyin. Kaynatın; ısıyı azaltın. Ara sıra karıştırarak 25 ila 30 dakika veya rutabagalar yumuşayana kadar kapağı açık olarak pişirin. Sıvıyı saklayarak rutabagaları boşaltın. Rutabagaları tencereye geri koyun. Kalan 1 yemek kaşığı zeytinyağını, yeşil soğanları ve ½ çay kaşığı biberi ekleyin. Patates ezici kullanarak alabaş karışımını ezin ve istenen kıvamı elde etmek için gerektiği kadar pişirme sıvısı ekleyin.

4. Tavuk karışımından defne yapraklarını çıkarın; atın. Tavuk ve sosu, rutabaga püresinin üzerine servis edin. İstenirse üzerine taze kekik serpilir.

ŞEFTALI VE BRENDI SIRLI BAGET

EV ÖDEVI:30 dakika ızgara: 40 dakika verim: 4 porsiyon

BU TAVUK BUDU MÜKEMMELÇITIR BIR SALATA VE BAHARATLI TUNUS DOMUZ OMUZU TARIFINDEN BAHARATLI FIRINDA TATLI PATATES KIZARTMASI ILE (BKZ.YEMEK TARIFI). BURADA TURP, MANGO VE NANELI ÇITIR LAHANA SALATASI ILE GÖSTERILMEKTEDIR (BKZ.YEMEK TARIFI).

ŞEFTALI BRENDI SIR

1 yemek kaşığı zeytinyağı

½ su bardağı doğranmış soğan

2 adet taze orta boy şeftali, ikiye bölünmüş, çekirdekleri çıkarılmış ve doğranmış

2 yemek kaşığı brendi

1 bardak barbekü sosu (bkz.yemek tarifi)

8 tavuk budu (toplamda 2 ila 2½ pound), istenirse derisiz

1. Sır için orta boy bir tencerede zeytinyağını orta ateşte ısıtın. Soğan ekleyin; ara sıra karıştırarak yaklaşık 5 dakika veya yumuşayana kadar pişirin. Şeftalileri ekleyin. Kapağını kapatın ve 4 ila 6 dakika veya şeftaliler yumuşayana kadar ara sıra karıştırarak pişirin. Brendi ekleyin; Ara sıra karıştırarak, kapağı açık olarak 2 dakika pişirin. Biraz soğumaya bırakın. Şeftali karışımını bir blender veya mutfak robotuna aktarın. Örtün ve pürüzsüz hale gelinceye kadar karıştırın veya işleyin. Barbekü sosunu ekleyin. Örtün ve pürüzsüz hale gelinceye kadar karıştırın veya işleyin. Sosu tekrar tencereye alın. Orta-düşük ateşte iyice ısınana kadar pişirin. Tavuğu fırçalamak için ¾ bardak sosu küçük bir kaseye aktarın. Izgara tavukla servis etmek için kalan sosu sıcak tutun.

2. Kömürlü ızgara için, kömürleri orta ateşte bir damlama kabının etrafına yerleştirin. Damlama tavası üzerinde orta ateşte deneyin. Tavuk butlarını damlama kabının üzerindeki ızgara rafına yerleştirin. Kapağını kapatın ve 40 ila 50 dakika boyunca veya tavuk artık pembe (175°F) rengi kalmayana kadar ızgara yapın, ızgara işleminin yarısında bir kez çevirin ve kızartmadan sonraki son 5 10 dakika boyunca ¾ bardak şeftali-brendi sosuyla fırçalayın. (Gazlı ızgara için, ızgarayı önceden ısıtın. Isıyı orta dereceye düşürün. Dolaylı pişirme için ısıyı ayarlayın. Tavuk butlarını sıcak olmayan ızgaraya ekleyin. Kapağını kapatın ve belirtildiği gibi ızgara yapın) .

MANGO VE KAVUN SALATASI ILE ŞILI MARINE EDILMIŞ TAVUK

EV ÖDEVI:40 dakika soğutma/marine etme: 2 ila 4 saat ızgara: 50 dakika Verim: 6 ila 8 porsiyon

ANCHO ŞILI KURUTULMUŞ BIR POBLANO'DUR—YOĞUN TAZE TADA SAHIP PARLAK, KOYU YEŞIL BIBER. ANCHO CHILES, BIR MIKTAR ERIK VEYA KURU ÜZÜM VE SADECE BIR MIKTAR ACI ILE HAFIF MEYVELI BIR TADA SAHIPTIR. NEW MEXICO BIBERLERI ORTA DERECEDE SICAK OLABILIR. GÜNEYBATININ BAZI KISIMLARINDA KÜMELENMIŞ VE IPLERE ASILI HALDE GÖRDÜĞÜNÜZ KOYU KIRMIZI BIBERLER, KURUTULMUŞ BIBERLERIN RENKLI DÜZENLEMELERI.

TAVUK

- 2 adet kurutulmuş New Mexico biberi
- 2 adet kurutulmuş ancho chiles
- 1 bardak kaynar su
- 3 yemek kaşığı zeytinyağı
- 1 büyük tatlı soğan, soyulmuş ve kalın dilimler halinde kesilmiş
- 4 adet roma domates, çekirdeği çıkarılmış
- 1 yemek kaşığı kıyılmış sarımsak (6 diş)
- 2 çay kaşığı öğütülmüş kimyon
- 1 çay kaşığı kurutulmuş kekik, ezilmiş
- 16 tavuk budu

SALATA

- 2 su bardağı küp küp kavun
- 2 bardak tatlı özsu, küp şeklinde
- 2 bardak doğranmış mango
- ¼ bardak taze limon suyu
- 1 çay kaşığı biber tozu

½ çay kaşığı öğütülmüş kimyon

¼ bardak taze kişniş, şeritler halinde kesilmiş

1. Tavuk için, kurutulmuş hamsi ve New Mexican biberlerinin saplarını ve çekirdeklerini çıkarın. Büyük bir tavayı orta ateşte ısıtın. Biberleri tavada 1 ila 2 dakika veya kokusu çıkana ve hafifçe kızarana kadar kızartın. Kızartılmış biberleri küçük bir kaseye koyun; kaseye kaynar su ekleyin. En az 10 dakika veya kullanıma hazır oluncaya kadar bekletin.

2. Izgarayı önceden ısıtın. Bir fırın tepsisini alüminyum folyo ile kaplayın; Alüminyum folyonun üzerine 1 yemek kaşığı zeytinyağı sürün. Soğan dilimlerini ve domatesleri tavaya yerleştirin. Isıdan yaklaşık 4 inç uzakta 6 ila 8 dakika veya yumuşayana ve kömürleşene kadar kızartın. Suyunu ayırarak biberleri boşaltın.

3. Marine etmek için biberi, soğanı, domatesi, sarımsağı, kimyonu ve kekiği bir blender veya mutfak robotunda birleştirin. Püre haline getirmek ve istenen kıvama ulaşmak için gerektiği kadar ayrılmış su ekleyerek, pürüzsüz hale gelinceye kadar örtün ve karıştırın veya işleyin.

4. Tavuğu büyük, açılıp kapanabilir bir plastik torbaya, sığ bir tabağa koyun. Torbadaki tavuğun üzerine marineyi dökün, torbayı eşit şekilde kaplayacak şekilde çevirin. Torbayı ara sıra çevirerek buzdolabında 2 ila 4 saat marine edin.

5. Salata için ekstra geniş bir kapta kavun, tatlı özsu, mango, limon suyu, kalan 2 yemek kaşığı zeytinyağı, kırmızı toz

biber, kimyon ve kişnişi birleştirin. Ceketini fırlat. Örtün ve 1 ila 4 saat soğutun.

6. Kömürlü ızgara için, kömürleri orta ateşte bir damlama kabının etrafına yerleştirin. Tavayı orta derecede ısıtmayı deneyin. Marine ederek tavuğu boşaltın. Tavuğu damlama kabının üzerindeki ızgaraya yerleştirin. Tavuğu, ayrılmış turşunun bir kısmıyla cömertçe fırçalayın (ek turşuyu atın). Kapağını kapatın ve 50 dakika veya tavuk artık pembe (175°F) rengi kalmayana kadar ızgara yapın, ızgara işleminin yarısında bir kez çevirin. (Gazlı ızgara için ızgarayı önceden ısıtın. Isıyı orta dereceye düşürün. Dolaylı pişirmeye ayarlayın. Tavuğu yanmayan brülöre yerleştirerek anlatıldığı gibi devam edin.) Tavuk butlarını salatayla birlikte servis yapın.

TANDIR USULÜ TAVUK BUDU, SALATALIK RAITALI

EV ÖDEVİ:20 dakika marine edilmiş: 2 ila 24 saat kavrulmuş: 25 dakika verim: 4 porsiyon

RAITA KAJU FISTIĞI ILE YAPILIR.KREMA, LIMON SUYU, NANE, KIŞNIŞ VE SALATALIK. SICAK, BAHARATLI TAVUĞA FERAHLATICI BIR KONTRAST SAĞLAR.

TAVUK
1 soğan, ince dilimler halinde kesilmiş
1 2 inçlik parça taze zencefil, soyulmuş ve dörde bölünmüş
4 diş sarımsak
3 yemek kaşığı zeytinyağı
2 yemek kaşığı taze limon suyu
1 çay kaşığı öğütülmüş kimyon
1 çay kaşığı öğütülmüş zerdeçal
½ çay kaşığı öğütülmüş yenibahar
½ çay kaşığı öğütülmüş tarçın
½ çay kaşığı karabiber
¼ çay kaşığı acı biber
8 tavuk budu

SALATALIK RAITA
1 bardak kaju kreması (bkz.yemek tarifi)
1 yemek kaşığı taze limon suyu
1 yemek kaşığı doğranmış taze nane
1 yemek kaşığı taze kişniş, şeritler halinde kesilmiş
½ çay kaşığı öğütülmüş kimyon
⅛ çay kaşığı karabiber
1 orta boy salatalık, soyulmuş, çekirdeği çıkarılmış ve doğranmış (1 bardak)
Limon dilimleri

1. Bir blender veya mutfak robotunda soğan, zencefil, sarımsak, zeytinyağı, limon suyu, kimyon, zerdeçal, yenibahar, tarçın, karabiber ve kırmızı biberi birleştirin. Örtün ve pürüzsüz hale gelinceye kadar karıştırın veya işleyin.

2. Soyma bıçağının ucunu kullanarak bagetlerin her birini dört veya beş kez delin. Bagetleri büyük bir kaseye yerleştirilmiş, yeniden kapatılabilir büyük bir plastik torbaya yerleştirin. Soğan karışımını ekleyin; yapıştırmak için çevirin. Torbayı ara sıra çevirerek buzdolabında 2 ila 24 saat marine edin.

3. Izgarayı önceden ısıtın. Tavuğu marinattan çıkarın. Kağıt havlu kullanarak bagetlerdeki fazla turşuyu silin. Bagetleri ısıtılmamış bir kızartma tavasının veya folyo kaplı kenarlı fırın tepsisinin rafına yerleştirin. 15 dakika boyunca ısı kaynağından 6 ila 8 inç uzakta ızgara yapın. Bagetleri ters çevirin; yaklaşık 10 dakika veya tavuk artık pembe olmayana kadar (175°F) kızartın.

4. Raita için orta boy bir kapta kaju kremasını, limon suyunu, naneyi, kişnişi, kimyonu ve karabiberi birleştirin. Salatalığı yavaşça ekleyin.

5. Tavuğu raita ve limon dilimleriyle servis edin.

KÖK SEBZELI, KUŞKONMAZLI VE YEŞIL ELMA-NANE AROMALI KÖRILI TAVUK YAHNISI

EV ÖDEVI:30 dakika pişirme: 35 dakika ayakta: 5 dakika Verim: 4 porsiyon

2 yemek kaşığı rafine hindistan cevizi yağı veya zeytinyağı
2 pound kemikli tavuk göğsü, istenirse derisiz
1 su bardağı doğranmış soğan
2 yemek kaşığı rendelenmiş taze zencefil
2 yemek kaşığı kıyılmış sarımsak
2 yemek kaşığı tuzsuz köri tozu
2 yemek kaşığı doğranmış ve çekirdekleri çıkarılmış jalapeño (bkz.eğim)
4 bardak tavuk kemik suyu (bkz.yemek tarifi) veya tuz eklenmemiş tavuk suyu
2 orta boy tatlı patates (yaklaşık 1 pound), soyulmuş ve doğranmış
2 orta boy şalgam (yaklaşık 6 ons), soyulmuş ve doğranmış
1 su bardağı çekirdekleri çıkarılmış domates, küp şeklinde doğranmış
8 ons kuşkonmaz, kesilmiş ve 1 inçlik parçalar halinde kesilmiş
1 13,5 onsluk sade hindistan cevizi sütü konservesi (Nature's Way gibi)
½ bardak taze kişniş, şeritler halinde kesilmiş
Elma ve nane sosu (bkz.yemek tarifi, altında)
Limon dilimleri

1. 6 litrelik bir Hollanda fırınında, yağı orta-yüksek ateşte ısıtın. Tavukları sıcak yağda eşit şekilde kızarıncaya kadar yaklaşık 10 dakika kadar kızartın. Tavuğu bir tabağa aktarın; bir kenara koyun.

2. Isıyı orta seviyeye getirin. Tencereye soğan, zencefil, sarımsak, köri tozu ve jalapeno ekleyin. 5 dakika veya soğan yumuşayana kadar pişirin ve karıştırın. Tavuk kemik suyunu, tatlı patatesi, şalgamı ve domatesi ekleyin. Tavuğu mümkün olduğu kadar fazla sıvıya batırmayı ayarlayarak tavuk parçalarını tencereye geri koyun. Isıyı

orta-düşük seviyeye düşürün. Kapağını kapatıp 30 dakika veya tavuk artık pembe olmayıncaya ve sebzeler yumuşayana kadar pişirin. Kuşkonmaz, hindistan cevizi sütü ve kişnişi ekleyin. Ateşten alın. 5 dakika bekletin. Gerekirse tavuğu kemiklerinden ayırıp servis kaselerine eşit şekilde paylaştırın. Elma nane sosu ve limon dilimleri ile servis yapın.

Elmalı Nane Sosu: Bir mutfak robotunda, ½ bardak şekersiz hindistan cevizini toz haline gelinceye kadar çekin. 1 bardak taze kişniş yaprağı ekleyin ve buharlayın; 1 su bardağı taze nane yaprağı; 1 Granny Smith elması, çekirdeği çıkarılmış ve doğranmış; 2 çay kaşığı doğranmış ve çekirdeği çıkarılmış jalapeño (bkz.eğim); ve 1 yemek kaşığı taze limon suyu. İnce bir şekilde doğranana kadar nabız atın.

AHUDUDU, PANCAR VE KIZARMIŞ BADEM ILE IZGARA TAVUK PAILLARD SALATASI

EV ÖDEVI:30 dakika kızartma: 45 dakika marine etme: 15 dakika ızgara: 8 dakika verim: 4 porsiyon

½ bardak bütün badem
1½ çay kaşığı zeytinyağı
1 orta boy kırmızı pancar
1 orta boy altın pancar
2 kemiksiz, derisiz tavuk göğsü yarısı, 6 ila 8 ons
2 su bardağı taze veya dondurulmuş ahududu, çözülmüş
3 yemek kaşığı kırmızı veya beyaz şarap sirkesi
Şeritler halinde kesilmiş 2 yemek kaşığı taze tarhun
1 yemek kaşığı kıyılmış arpacık soğanı
1 çay kaşığı Dijon tarzı hardal (bkz.<u>yemek tarifi</u>)
¼ bardak zeytinyağı
Karabiber
8 su bardağı karışık marul

1. Bademler için fırını önceden 400°F'ye ısıtın. Bademleri küçük bir fırın tepsisine yayın ve ½ çay kaşığı zeytinyağıyla karıştırın. Yaklaşık 5 dakika veya kokulu ve altın rengi olana kadar pişirin. Soğumaya bırakın. (Bademler 2 gün önceden kızartılıp hava almayan bir kapta saklanabilir.)

2. Pancarlar için, her pancarı küçük bir alüminyum folyo parçasının üzerine koyun ve her birine ½ çay kaşığı zeytinyağı gezdirin. Folyoyu pancarların etrafına gevşek bir şekilde sarın ve bir fırın tepsisine veya fırın tepsisine yerleştirin. Pancarları fırında 400°F sıcaklıkta 40 ila 50 dakika veya bıçakla delindiğinde yumuşayana kadar

kızartın. Fırından çıkarın ve elle tutulabilecek kadar soğuyana kadar bekletin. Bir soyma bıçağı kullanarak cildi çıkarın. Pancarı dilimler halinde kesin ve bir kenara koyun. (Kırmızı pancarların altın renkli pancarları lekelemesini önlemek için pancarları karıştırmaktan kaçının. Pancarlar 1 gün önceden kavrulup soğutulabilir. Servis yapmadan önce oda sıcaklığına getirin.)

3. Tavuk için her tavuk göğsünü yatay olarak ikiye bölün. Her tavuk parçasını iki parça plastik ambalajın arasına yerleştirin. Bir et tokmağı kullanarak yaklaşık bir inç kalınlığa kadar yavaşça dövün. Tavukları sığ bir tabağa koyun ve bir kenara koyun.

4. Salata sosu için, büyük bir kapta ¾ bardak ahududuları bir çırpma teli ile hafifçe ezin (kalan ahududuları salata için ayırın). Sirke, tarhun, arpacık soğanı ve Dijon hardalını ekleyin; karıştırmak için çırpın. İnce bir akıntıya ¼ bardak zeytinyağı ekleyin ve iyice karıştırmak için çırpın. Tavuğun üzerine ½ bardak salata sosunu dökün; tavuğu kaplayın (kalan salata sosunu salata için ayırın). Tavukları oda sıcaklığında 15 dakika kadar marine edin. Tavuğu turşudan çıkarın ve üzerine biber serpin; Kalan turşuyu tabağa atın.

5. Kömürlü veya gazlı ızgara için tavuğu doğrudan orta ateşteki ızgaraya yerleştirin. Kapağı kapatın ve 8 ila 10 dakika veya tavuk artık pembe olmayana kadar ızgara yapın, ızgaranın yarısına gelindiğinde bir kez çevirin. (Tavuk ızgara tavada da pişirilebilir.)

6. Büyük bir kapta marul, pancar ve kalan 1¼ bardak ahududuyu birleştirin. Ayrılmış salata sosunu salatanın

üzerine dökün; kaplamak için yavaşça fırlatın. Salatayı dört servis tabağına bölün; her birinin üzerine bir parça ızgara tavuk göğsü koyun. Kavrulmuş bademleri iri iri doğrayın ve üzerine serpin. Derhal servis yapın.

TAZE DOMATES SOSU VE SEZAR SALATASI ILE BROKOLI ILE DOLDURULMUŞ TAVUK GÖĞSÜ

EV ÖDEVI:40 dakika pişirme: 25 dakika verim: 6 porsiyon

3 yemek kaşığı zeytinyağı
2 çay kaşığı kıyılmış sarımsak
¼ çay kaşığı ezilmiş kırmızı biber
1 pound brokoli raab, kesilmiş ve doğranmış
½ bardak kükürtsüz altın kuru üzüm
½ bardak su
4 kemiksiz, derisiz tavuk göğsü yarısı, 5 ila 6 ons
1 su bardağı doğranmış soğan
3 su bardağı doğranmış domates
¼ bardak doğranmış taze fesleğen
2 çay kaşığı kırmızı şarap sirkesi
3 yemek kaşığı taze limon suyu
2 yemek kaşığı Paleo Mayo (bkz.yemek tarifi)
2 çay kaşığı Dijon usulü hardal (bkz.yemek tarifi)
1 çay kaşığı kıyılmış sarımsak
½ çay kaşığı karabiber
¼ bardak zeytinyağı
10 su bardağı doğranmış marul

1. Büyük bir tavada 1 yemek kaşığı zeytinyağını orta-yüksek ateşte ısıtın. Sarımsak ve ezilmiş kırmızı biberi ekleyin; 30 saniye veya kokusu çıkana kadar pişirin ve karıştırın. Doğranmış brokoliyi, kuru üzümleri ve ½ bardak suyu ekleyin. Kapağı kapatın ve yaklaşık 8 dakika veya brokoli raabı yumuşayana ve yumuşayana kadar pişirin. Kapağı tavadan çıkarın; fazla suyun buharlaşmasına izin verin. Bir kenara koyun.

2. Rulolar için her tavuk göğsünü uzunlamasına ikiye bölün; her parçayı iki parça plastik ambalajın arasına yerleştirin. Bir et tokmağının düz tarafını kullanarak tavuğu yaklaşık ¼ inç kalınlığa gelinceye kadar hafifçe dövün. Her rulo için, kısa uçlardan birine yaklaşık ¼ bardak brokoli raab karışımı koyun; yuvarlayın, dolguyu tamamen kaplamak için yana doğru katlayın. (Rulolar 1 gün önceden hazırlanıp pişene kadar soğutulabilir.)

3. Büyük bir tavada 1 yemek kaşığı zeytinyağını orta-yüksek ateşte ısıtın. Ruloları, dikiş tarafları aşağı bakacak şekilde ekleyin. Pişirme sırasında iki veya üç kez çevirerek yaklaşık 8 dakika veya her tarafı altın rengi kahverengi olana kadar pişirin. Ruloları bir tabağa aktarın.

4. Sos için kalan zeytinyağından 1 yemek kaşığını tavada orta ateşte ısıtın. Soğan ekleyin; yaklaşık 5 dakika veya yarı saydam olana kadar pişirin. Domatesleri ve fesleğeni ekleyin. Ruloları tavadaki sosun üzerine yerleştirin. Orta-yüksek ateşte kaynatın; ısıyı azaltın. Kapağını kapatın ve yaklaşık 5 dakika veya domatesler parçalanmaya başlayana, ancak şeklini koruyana ve rulolar ısıtılana kadar pişirin.

5. Sos için küçük bir kapta limon suyunu, Paleo mayonezini, Dijon hardalını, sarımsağı ve karabiberi çırpın. ¼ bardak zeytinyağını gezdirip emülsifiye olana kadar çırpın. Büyük bir kapta, kıyılmış marulla sosu atın. Servis yapmak için marulu altı servis tabağına bölün. Ruloları kesin ve marulun üzerine yerleştirin; domates sosunu gezdirin.

BAHARATLI SEBZELER VE ÇAM FISTIĞI SOSU ILE IZGARA TAVUK SHAWARMA DÜRÜM

EV ÖDEVI: 20 dakika marine etme: 30 dakika ızgara: 10 dakika yapım: 8 rulo (4 porsiyon)

1½ pound kemiksiz, derisiz tavuk göğsü, 2 inçlik parçalar halinde kesilmiş
5 yemek kaşığı zeytinyağı
2 yemek kaşığı taze limon suyu
1¾ çay kaşığı öğütülmüş kimyon
1 çay kaşığı kıyılmış sarımsak
1 çay kaşığı kırmızı biber
½ çay kaşığı köri tozu
½ çay kaşığı öğütülmüş tarçın
¼ çay kaşığı acı biber
1 orta boy kabak, ikiye bölünmüş
½ inç dilimler halinde kesilmiş 1 küçük patlıcan
1 büyük sarı dolmalık biber, ikiye kesilmiş ve çekirdekleri çıkarılmış
1 orta boy kırmızı soğan, dörde bölünmüş
8 kiraz domates
8 büyük yaprak tereyağlı marul
Kızartılmış çam fıstığı sosu (bkz.yemek tarifi)
Limon dilimleri

1. Marine için küçük bir kapta 3 yemek kaşığı zeytinyağı, limon suyu, 1 çay kaşığı kimyon, sarımsak, ½ çay kaşığı kırmızı biber, köri tozu, ¼ çay kaşığı tarçın ve acı biberi birleştirin. Tavuk parçalarını büyük, açılıp kapanabilir bir plastik torbaya sığ bir tabağa yerleştirin. Marine edilmiş tavuğun üzerine dökün. Torbayı kapatın; çantayı kaplayacak şekilde çevirin. Torbayı ara sıra çevirerek buzdolabında 30 dakika marine edin.

2. Tavuğu marinattan çıkarın; turşuyu atın. Tavuğu dört uzun şişin üzerine geçirin.

3. Kabağı, patlıcanı, tatlı biberi ve soğanı fırın tepsisine yerleştirin. 2 yemek kaşığı zeytinyağını gezdirin. Kalan ¾ çay kaşığı kimyonu, kalan ½ çay kaşığı kırmızı biberi ve kalan ¼ çay kaşığı tarçını serpin; Sebzelerin üzerine hafifçe sürün. Domatesleri iki şişin üzerine geçirin.

3. Kömürlü veya gazlı ızgara için tavuk ve domates şişlerini ve sebzeleri orta ateşteki ızgaraya yerleştirin. Kapağını kapatın ve tavuk artık pembe olmayıncaya ve sebzeler hafifçe kömürleşip gevrekleşene kadar bir kez çevirerek ızgara yapın. Tavuk için 10 ila 12 dakika, sebzeler için 8 ila 10 dakika ve domates için 4 dakika bekleyin.

4. Tavuğu şişlerden çıkarın. Tavuğu doğrayın ve kabak, patlıcan ve tatlı biberi küçük parçalar halinde kesin. Domatesleri şişlerden çıkarın (doğraymayın). Tavukları ve sebzeleri bir tabağa koyun. Servis yapmak için marul yaprağının üzerine biraz tavuk ve yeşillik koyun; kızarmış çam fıstığı sosunu gezdirin. Limon dilimleri ile servis yapın.

MANTARLI FIRINDA TAVUK GÖĞSÜ, SARIMSAKLI DÖVÜLMÜŞ KARNABAHAR VE KAVRULMUŞ KUŞKONMAZ

BITIRMEK IÇIN BAŞLA:50 dakikada verim: 4 porsiyon

4 kemikli tavuk göğsü yarısı, 10 ila 12 ons, derisiz
3 su bardağı küçük beyaz düğme mantarı
1 su bardağı ince dilimlenmiş pırasa veya sarı soğan
2 su bardağı tavuk kemik suyu (bkz.yemek tarifi) veya tuz eklenmemiş tavuk suyu
1 bardak kuru beyaz şarap
1 büyük demet taze kekik
Karabiber
Beyaz şarap sirkesi (isteğe bağlı)
1 baş karnabahar, çiçeklerine ayrılmış
12 diş sarımsak, soyulmuş
2 yemek kaşığı zeytinyağı
Beyaz veya acı biber
1 pound kuşkonmaz, doğranmış
2 çay kaşığı zeytinyağı

1. Fırını önceden 400°F'ye ısıtın. Tavuk göğüslerini 3 litrelik dikdörtgen bir pişirme kabına yerleştirin; üstüne mantar ve pırasa ekleyin. Tavuk kemik suyunu ve şarabı tavuk ve sebzelerin üzerine dökün. Üzerine kekik serpin ve karabiber serpin. Plakayı alüminyum folyo ile örtün.

2. 35 ila 40 dakika veya tavuk kayıtlarına 170°F sıcaklıkta anında okunan bir termometre yerleştirilene kadar pişirin.Kekik dallarını çıkarın ve atın. İstenirse, servis yapmadan önce buğulama sıvısını bir miktar sirke ile tatlandırın.

2. Bu arada büyük bir tencerede karnabaharı ve sarımsağı kaplayacak kadar kaynar suda yaklaşık 10 dakika veya iyice yumuşayana kadar pişirin. Karnabaharı ve sarımsağı boşaltın, pişirme sıvısından 2 yemek kaşığı ayırın. Bir mutfak robotuna veya büyük bir karıştırma kabına karnabaharı ve ayrılmış pişirme sıvısını yerleştirin. Pürüzsüz* oluncaya kadar işleyin veya patates eziciyle ezin; 2 yemek kaşığı zeytinyağı ekleyin ve beyaz biberle tatlandırın. Servis yapmaya hazır olana kadar sıcak tutun.

3. Kuşkonmazı bir fırın tepsisine tek kat halinde düzenleyin. 2 çay kaşığı zeytinyağını gezdirin ve kaplayın. Karabiber serpin. 400°F'lik fırında yaklaşık 8 dakika veya gevrekleşene kadar bir kez karıştırarak kızartın.

4. Karnabahar püresini altı servis tabağına paylaştırın. Üstüne tavuk, mantar ve pırasa ekleyin. Biraz buğulama sıvısını gezdirin; kavrulmuş kuşkonmazla servis yapın.

*Not: Bir mutfak robotu kullanıyorsanız aşırı işlememeye dikkat edin, aksi takdirde karnabahar çok ince hale gelir.

TAY USULÜ TAVUK ÇORBASI

EV ÖDEVI:30 dakika dondurma: 20 dakika pişirme: 50 dakika Verim: 4 ila 6 porsiyon

DEMIRHINDI ACI VE MISK KOKULU BIR MEYVEDIRHINT, TAYLAND VE MEKSIKA MUTFAĞINDA KULLANILIR. TICARI OLARAK HAZIRLANAN DEMIRHINDI MACUNLARININ ÇOĞU ŞEKER IÇERIR; IÇERMEYEN BIR TANE SATIN ALDIĞINIZDAN EMIN OLUN. KAFFIR LIMONU YAPRAKLARI ÇOĞU ASYA PAZARINDA TAZE, DONDURULMUŞ VE KURUTULMUŞ OLARAK BULUNABILIR. BUNLARI BULAMAZSANIZ, BU TARIFTEKI YAPRAKLARIN YERINE 1½ ÇAY KAŞIĞI INCE RENDELENMIŞ LIMON KABUĞU RENDESI KOYUN.

- 2 sap limon otu, kesilmiş
- 2 yemek kaşığı rafine edilmemiş hindistancevizi yağı
- ½ su bardağı ince dilimlenmiş frenk soğanı
- 3 büyük diş sarımsak, ince dilimlenmiş
- 8 su bardağı tavuk kemik suyu (bkz.yemek tarifi) veya tuz eklenmemiş tavuk suyu
- ¼ su bardağı şekersiz demirhindi ezmesi (Tamicon markası gibi)
- 2 yemek kaşığı nori gevreği
- 3 adet taze Tay biberi, tohumları bozulmadan ince dilimlenmiş (bkz.eğim)
- 3 kafir limon yaprağı
- 1 3 inç parça zencefil, ince dilimlenmiş
- 4 kemiksiz, derisiz tavuk göğsü yarısı, 6 ons
- 1 14,5 onsluk ateşte kavrulmuş domatesleri tuz eklenmeden, süzülmeden doğrayabilirsiniz
- 6 ons ince kuşkonmaz, kesilmiş ve ½ inçlik parçalar halinde çapraz olarak ince dilimlenmiş
- ½ fincan paketlenmiş Tay fesleğen yaprağı (bkz.Not)

1. Bıçağın arkasını sert bir baskıyla kullanarak limon otu saplarını ezin. Ezilmiş sapları ince ince doğrayın.

2. Hollanda fırınında hindistancevizi yağını orta ateşte ısıtın. Limon otu ve yeşil soğan ekleyin; sık sık karıştırarak 8 ila 10 dakika pişirin. Sarımsak ekleyin; 2 ila 3 dakika veya kokusu çok çıkana kadar pişirin ve karıştırın.

3. Tavuk kemiği suyunu, demirhindi ezmesini, nori pullarını, kırmızı biberi, limon yapraklarını ve zencefili ekleyin. Kaynatın; ısıyı azaltın. Kapağını kapatıp 40 dakika pişirin.

4. Bu arada tavuğu 20 ila 30 dakika veya sertleşinceye kadar dondurun. Tavuğu ince dilimler halinde kesin.

5. Çorbayı ince gözenekli bir süzgeçten geçirerek büyük bir tencereye süzün ve lezzetini çıkarmak için büyük bir kaşığın arkasıyla bastırın. Katıları atın. Çorbayı kaynatın. Tavuğu, suyu süzülmemiş domatesi, kuşkonmazı ve fesleğeni ekleyin. Isıyı azaltın; 2 ila 3 dakika veya tavuk tamamen pişene kadar kapağı açık olarak pişirin. Derhal servis yapın.

ESKAROLLÜ LİMON-ADAÇAYI KAVRULMUŞ TAVUK

EV ÖDEVİ:15 dakika kavurma: 55 dakika dinlenme: 5 dakika Verim: 4 porsiyon

LİMON DİLİMLERİ VE ADAÇAYI YAPRAĞI.TAVUĞUN DERİSİNİN ALTINA KONULAN BU MADDE, PİŞERKEN ETE TAT VERİR VE FIRINDAN ÇIKTIKTAN SONRA ÇITIR, DONUK DERİSİNİN ALTINDA GÖZ ALICI BİR DESEN OLUŞTURUR.

4 kemikli tavuk göğsü yarısı (derili)
1 limon, çok ince dilimlenmiş
4 büyük adaçayı yaprağı
2 çay kaşığı zeytinyağı
2 çay kaşığı Akdeniz baharatı (bkz.yemek tarifi)
½ çay kaşığı karabiber
2 yemek kaşığı sızma zeytinyağı
2 arpacık, dilimlenmiş
2 diş sarımsak, kıyılmış
4 baş eskarol, uzunlamasına ikiye kesilmiş

1. Fırını önceden 400°F'ye ısıtın. Bir soyma bıçağı kullanarak, her göğüs yarısının derisini çok dikkatli bir şekilde gevşetin ve bir tarafa bağlı bırakın. Her göğüs etinin üzerine 2 limon dilimi ve 1 adaçayı yaprağı koyun. Cildi yavaşça yerine çekin ve sabitlemek için hafifçe bastırın.

2. Tavuğu sığ bir kızartma tavasına yerleştirin. Tavuğu 2 çay kaşığı zeytinyağıyla fırçalayın; Akdeniz baharatı ve ¼ çay kaşığı biber serpin. Kapağı açık olarak yaklaşık 55 dakika veya cilt altın kahverengi ve gevrek oluncaya kadar kızartın ve anında okunan bir termometre 170°F tavuk

kayıtlarına yerleştirin. Tavuğu servis yapmadan önce 10 dakika dinlendirin.

3. Bu arada büyük bir tavada 2 yemek kaşığı zeytinyağını orta ateşte ısıtın. Arpacık soğanı ekleyin; yaklaşık 2 dakika veya yarı saydam olana kadar pişirin. Kalan ¼ çay kaşığı karabiberi hindibaların üzerine serpin. Tavaya sarımsak ekleyin. Hindibayı bir tavaya yerleştirin, yanları aşağıya doğru kesin. Yaklaşık 5 dakika veya altın rengi kahverengi olana kadar pişirin. Hindibayı dikkatlice ters çevirin; 2 ila 3 dakika daha veya yumuşayana kadar pişirin. Tavukla servis yapın.

FRENK SOĞANI, SU TERESI VE TURPLU TAVUK

EV ÖDEVI:20 dakika pişirme: 8 dakika pişirme: 30 dakika Verim: 4 porsiyon

TURP PIŞIRMEK GARIP GÖRÜNSE DEBURADA ZAR ZOR PIŞIRILIYORLAR, BAHARATLI ISIRIKLARINI YUMUŞATMAYA VE BIRAZ YUMUŞATMAYA YETECEK KADAR.

3 yemek kaşığı zeytinyağı

4 adet 10 ila 12 onsluk kemikli tavuk göğsü yarısı (derili)

1 yemek kaşığı limon otu baharatı (bkz.yemek tarifi)

¾ bardak dilimlenmiş frenk soğanı

6 turp, ince dilimlenmiş

¼ çay kaşığı karabiber

½ fincan sek beyaz vermut veya sek beyaz şarap

⅓ fincan kaju kreması (bkz.yemek tarifi)

1 demet su teresi, sapları kesilmiş ve doğranmış

1 yemek kaşığı taze dereotu, şeritler halinde kesilmiş

1. Fırını önceden 350°F'a ısıtın. Büyük bir tavada zeytinyağını orta-yüksek ateşte ısıtın. Tavuğu kağıt havluyla kurulayın. Tavuğu derisi aşağı bakacak şekilde 4 ila 5 dakika veya derisi altın kahverengi ve gevrek oluncaya kadar pişirin. Tavuğu çevirin; yaklaşık 4 dakika veya altın rengi kahverengi olana kadar pişirin. Tavuğu derisi yukarı bakacak şekilde sığ bir fırın tepsisine yerleştirin. Tavuğu limon otu baharatıyla serpin. Yaklaşık 30 dakika veya tavuk kayıtlarına 170°F sıcaklıkta anında okunan bir termometre yerleştirilene kadar pişirin.

2. Bu arada tavadaki yağın 1 yemek kaşığı dışında tamamını dökün; Tavayı tekrar ısıtın. Yeşil soğan ve turp ekleyin;

yaklaşık 3 dakika veya yeşil soğanlar solana kadar pişirin. Biber serpin. Kahverengileşmiş parçaları kazımak için karıştırarak vermutu ekleyin. Kaynatın; küçülene ve hafifçe koyulaşana kadar pişirin. Kaju kremasını ekleyin; kaynatın. Tavayı ocaktan alın; su teresi ve dereotu ekleyin, su teresi soluncaya kadar yavaşça karıştırın. Pişirme kabında biriken tavuk sularını ekleyin.

3. Yeşil soğan karışımını dört servis tabağına bölün; üstüne tavuk ekleyin.

TAVUK TIKKA MASALA

EV ÖDEVI:30 dakika Marine edilmiş: 4 ila 6 saat Pişirilmiş: 15 dakika Kavrulmuş: 8 dakika Verim: 4 porsiyon

BU ÇOK POPÜLER BIR HINT YEMEĞINDEN ILHAM ALDI.HINDISTAN'DA HIÇ YARATILMAMIŞ OLABILIR, ANCAK BIRLEŞIK KRALLIK'TAKI BIR HINT RESTORANINDA YARATILMIŞ OLABILIR. GELENEKSEL TAVUK TIKKA MASALA, TAVUĞUN YOĞURTLA MARINE EDILMESINI VE ARDINDAN KREMAYLA SÜSLENMIŞ BAHARATLI DOMATES SOSUNDA PIŞIRILMESINI GEREKTIRIR. SOSUN LEZZETINI KÖRELTECEK SÜT ÜRÜNLERI IÇERMEYEN BU VERSIYON, ÖZELLIKLE TEMIZ BIR TADA SAHIPTIR. PIRINÇ YERINE ÇITIR KABAK ERIŞTESI ÜZERINDE SERVIS EDILIYOR.

1½ pound kemiksiz, derisiz tavuk butları veya yarım tavuk göğsü

¾ bardak sade hindistan cevizi sütü (Nature's Way gibi)

6 diş sarımsak, kıyılmış

1 yemek kaşığı rendelenmiş taze zencefil

1 çay kaşığı öğütülmüş kişniş

1 çay kaşığı kırmızı biber

1 çay kaşığı öğütülmüş kimyon

¼ çay kaşığı öğütülmüş kakule

4 yemek kaşığı rafine hindistan cevizi yağı

1 su bardağı doğranmış havuç

1 kereviz ince dilimlenmiş

½ su bardağı doğranmış soğan

2 jalapeno veya serrano şili, çekirdekleri çıkarılmış (istenirse) ve ince doğranmış (bkz.eğim)

1 14,5 onsluk ateşte kavrulmuş domatesleri tuz eklenmeden, süzülmeden doğrayabilirsiniz

1 8 onsluk tuz eklenmemiş domates sosu

1 çay kaşığı tuz ilavesiz garam masala

3 orta boy kabak
½ çay kaşığı karabiber
taze kişniş yaprakları

1. Tavuk budu kullanıyorsanız her bir budu üç parçaya bölün. Tavuk göğsü yarımlarını kullanıyorsanız, her göğsün yarısını 2 inçlik parçalar halinde kesin, kalın kısımları daha ince hale getirmek için yatay olarak ikiye bölün. Tavuğu yeniden kapatılabilir büyük bir plastik torbaya koyun; bir kenara koyun. Marine için, küçük bir kapta ½ bardak hindistan cevizi sütü, sarımsak, zencefil, kişniş, kırmızı biber, kimyon ve kakuleyi birleştirin. Torbadaki tavuğun üzerine marineyi dökün. Torbayı kapatın ve tavuğu kaplamak için çevirin. Torbayı orta boy bir kaseye yerleştirin; Torbayı ara sıra çevirerek buzdolabında 4 ila 6 saat marine edin.

2. Izgarayı önceden ısıtın. Büyük bir tavada 2 yemek kaşığı hindistancevizi yağını orta ateşte ısıtın. Havuç, kereviz ve soğanı ekleyin; 6 ila 8 dakika veya sebzeler yumuşayana kadar ara sıra karıştırarak pişirin. Jalapenos ekleyin; 1 dakika daha pişirin ve karıştırın. Süzülmemiş domatesleri ve domates sosunu ekleyin. Kaynatın; ısıyı azaltın. Kapağını açmadan yaklaşık 5 dakika veya sos hafifçe kalınlaşana kadar pişirin.

3. Marine suyunu atarak tavuğu süzün. Tavuk parçalarını kızartma tavasının ısıtılmamış rafına tek kat halinde yerleştirin. 8 ila 10 dakika boyunca veya tavuk artık pembe olmayana kadar, kavurma işleminin yarısında bir kez çevirerek, ısıdan 5 ila 6 inç kadar ızgara yapın. Pişmiş tavuk parçalarını ve kalan ¼ bardak hindistan cevizi sütünü tavadaki domates karışımına ekleyin. 1 ila 2

dakika veya tamamen ısıtılıncaya kadar pişirin. Ateşten alın; garam masala'yı ekleyin.

4. Kabakların uçlarını kesin. Julienne kesici kullanarak kabakları uzun, ince şeritler halinde kesin. Ekstra büyük bir tavada, kalan 2 yemek kaşığı hindistancevizi yağını orta-yüksek ateşte ısıtın. Kabak şeritlerini ve karabiberi ekleyin. 2 ila 3 dakika veya kabaklar gevrekleşinceye kadar pişirin ve karıştırın.

5. Servis etmek için kabakları dört servis tabağına bölün. Üzerine tavuk karışımını ekleyin. Kişniş yapraklarıyla süsleyin.

RAS EL HANOUT TAVUK BUTLARI

EV ÖDEVI: 20 dakika pişirme: 40 dakika Verim: 4 porsiyon

RAS EL HANOUT BIR KOMPLEKSTIRVE EGZOTIK FAS BAHARATLARININ KARIŞIMI. ARAPÇA'DA "MAĞAZANIN BAŞI" ANLAMINA GELEN BU IFADE, BAHARAT SATICISININ SUNDUĞU EN IYI BAHARATLARIN EŞSIZ BIR KARIŞIMI OLDUĞUNU IMA EDIYOR. RAS EL HANOUT IÇIN BELIRLENMIŞ BIR TARIF YOKTUR, ANCAK GENELLIKLE ZENCEFIL, ANASON, TARÇIN, HINDISTAN CEVIZI, KARABIBER, KARANFIL, KAKULE, KURUTULMUŞ ÇIÇEKLER (LAVANTA VE GÜL GIBI), ÇÖREK OTU, TOPUZ, HAVLICAN VE ZERDEÇALIN BIR KARIŞIMINI IÇERIR. .

- 1 yemek kaşığı öğütülmüş kimyon
- 2 çay kaşığı öğütülmüş zencefil
- 1½ çay kaşığı karabiber
- 1½ çay kaşığı öğütülmüş tarçın
- 1 çay kaşığı öğütülmüş kişniş
- 1 çay kaşığı acı biber
- 1 çay kaşığı öğütülmüş yenibahar
- ½ çay kaşığı öğütülmüş karanfil
- ¼ çay kaşığı öğütülmüş hindistan cevizi
- 1 çay kaşığı safran ipi (isteğe bağlı)
- 4 yemek kaşığı rafine edilmemiş hindistancevizi yağı
- 8 adet kemikli tavuk budu
- 1 8 onsluk paket taze mantar, dilimlenmiş
- 1 su bardağı doğranmış soğan
- 1 su bardağı doğranmış kırmızı, sarı veya yeşil dolmalık biber (1 büyük)
- 4 roma domates, çekirdekleri çıkarılmış, çekirdekleri çıkarılmış ve doğranmış
- 4 diş sarımsak, kıyılmış
- 2 adet 13,5 onsluk kutu sade hindistan cevizi sütü (Nature's Way gibi)
- 3 ila 4 yemek kaşığı taze limon suyu
- ¼ bardak ince kıyılmış taze kişniş

1. Ras el hanout için orta havanda veya küçük bir kapta kimyon, zencefil, karabiber, tarçın, kişniş, kırmızı biber, yenibahar, karanfil, hindistan cevizi ve dilerseniz safranı birleştirin. İyice karıştırmak için bir havan veya havan tokmağıyla öğütün veya bir kaşıkla karıştırın. Bir kenara koyun.

2. Ekstra büyük bir tavada 2 yemek kaşığı hindistancevizi yağını orta ateşte ısıtın. Tavuk uyluklarını 1 çorba kaşığı Ras el hanout serpin. Tavaya tavuk ekleyin; Pişirme işleminin yarısında bir kez çevirerek 5 ila 6 dakika veya altın rengi kahverengi olana kadar pişirin. Tavuğu tavadan çıkarın; sıcak tutmak.

3. Aynı tavada kalan 2 yemek kaşığı hindistancevizi yağını orta ateşte ısıtın. Mantar, soğan, tatlı biber, domates ve sarımsak ekleyin. Yaklaşık 5 dakika veya sebzeler yumuşayana kadar pişirin ve karıştırın. Hindistan cevizi sütü, limon suyu ve 1 çorba kaşığı ras el hanout ekleyin. Tavuğu tekrar tavaya alın. Kaynatın; ısıyı azaltın. Yaklaşık 30 dakika veya tavuk yumuşayana kadar (175°F) üstü kapalı olarak pişirin.

4. Tavuk, sebze ve sosu kaselerde servis edin. Kişniş ile süsleyin.

Not: Artık Ras el Hanout'u 1 aya kadar kapalı bir kapta saklayın.

KIZARTILMIŞ ISPANAK ÜZERINDE CARAMBOLA ADOBO TAVUK BUTLARI

EV ÖDEVI:40 dakika Marine etme: 4 ila 8 saat Pişirme: 45 dakika Verim: 4 porsiyon

GEREKIRSE TAVUĞU KURULAYIN.MARINEDEN ÇIKTIKTAN SONRA KAĞIT HAVLUYLA TAVADA KIZARTIYORUZ. ETIN IÇINDE KALAN SIVI KIZGIN YAĞIN IÇINE SIÇRAYACAKTIR.

8 kemikli tavuk budu (1½ ila 2 pound), derisi alınmış
¾ bardak beyaz veya elma sirkesi
¾ bardak taze portakal suyu
½ bardak su
¼ bardak doğranmış soğan
¼ bardak taze kişniş, şeritler halinde kesilmiş
4 diş sarımsak, kıyılmış
½ çay kaşığı karabiber
1 yemek kaşığı zeytinyağı
1 yıldız meyve (carambola), dilimlenmiş
1 su bardağı tavuk kemik suyu (bkz.yemek tarifi) veya tuz eklenmemiş tavuk suyu
2 adet 9 onsluk paket taze ıspanak yaprağı
Taze kişniş yaprakları (isteğe bağlı)

1. Tavuğu paslanmaz çelik veya emaye bir tencereye koyun; bir kenara koyun. Orta boy bir kapta sirke, portakal suyu, su, soğan, ¼ bardak doğranmış kişniş, sarımsak ve biberi birleştirin; tavukların üzerine dökün. Kapağını kapatıp buzdolabında 4 ila 8 saat marine edin.

2. Tavuk karışımını bir tencerede orta-yüksek ateşte kaynatın; ısıyı azaltın. Kapağı kapatın ve 35 ila 40 dakika veya tavuk artık pembe (175°F) olmayana kadar pişirin.

3. Ekstra büyük bir tavada yağı orta-yüksek ateşte ısıtın. Maşa kullanarak tavuğu Hollandalı fırından çıkarın, hafifçe sallayarak pişirme sıvısının damlamasını sağlayın; pişirme sıvısını ayırın. Tavuğun her tarafı eşit şekilde kızarıncaya kadar sık sık çevirerek kızartın.

4. Bu arada sos için pişirme sıvısını süzün; Hollanda fırınına geri dönün. Kaynatın. Biraz küçültmek ve kalınlaştırmak için yaklaşık 4 dakika kaynatın; yıldız meyvesi ekleyin; 1 dakika daha kaynatın. Tavuğu Hollanda fırınındaki sosa döndürün. Ateşten alın; sıcak tutmak için örtün.

5. Tavayı temizleyin. Tavuk kemik suyunu tavaya dökün. Orta-yüksek ateşte kaynatın; ıspanak ekleyin. Isıyı azaltın; 1 ila 2 dakika veya ıspanak soluncaya kadar sürekli karıştırarak pişirin. Delikli bir kaşık kullanarak ıspanakları servis tabağına aktarın. Üstüne tavuk ve sos ekleyin. İstenirse kişniş yaprakları serpilir.

POBLANO LAHANA VE CHIPOTLE MAYONEZLI TAVUK TACOS

EV ÖDEVI:25 dakika pişirme: 40 dakika Verim: 4 porsiyon

BU KIRLI AMA LEZZETLI TACOLARI SERVIS EDINLAHANA YAPRAĞINI YERKEN DÜŞEN IÇ MALZEMEYI ALMAK IÇIN BIR ÇATAL KULLANIN.

1 yemek kaşığı zeytinyağı
2 poblano şili, çekirdekleri çıkarılmış (istenirse) ve doğranmış (bkz.eğim)
½ su bardağı doğranmış soğan
3 diş sarımsak, kıyılmış
1 yemek kaşığı tuzsuz biber tozu
2 çay kaşığı öğütülmüş kimyon
½ çay kaşığı karabiber
1 8 onsluk tuz eklenmemiş domates sosu
¾ bardak tavuk kemik suyu (bkz.yemek tarifi) veya tuz eklenmemiş tavuk suyu
1 çay kaşığı kurutulmuş Meksika kekiği, ezilmiş
1 ila 1½ pound kemiksiz, derisiz tavuk uylukları
10 ila 12 orta ila büyük lahana yaprağı
Chipotle Paleo Mayo (bkz.yemek tarifi)

1. Fırını önceden 350°F'ye ısıtın. Fırına dayanıklı büyük bir tavada yağı orta-yüksek ateşte ısıtın. Poblano biberini, soğanı ve sarımsağı ekleyin; 2 dakika pişirin ve karıştırın. Toz biber, kimyon ve karabiberi ekleyin; 1 dakika daha pişirin ve karıştırın (gerekirse baharatların yanmasını önlemek için ısıyı azaltın).

2. Tavaya domates sosunu, tavuk kemik suyunu ve kekiği ekleyin. Kaynatın. Tavuk butlarını dikkatlice domates karışımına yerleştirin. Tavayı bir kapakla kapatın.

Yaklaşık 40 dakika veya tavuk yumuşayana kadar (175°F) pişirin, yarı yolda bir kez çevirin.

3. Tavuğu tavadan çıkarın; biraz serin. İki çatal kullanarak tavuğu küçük parçalara ayırın. Kıyılmış tavukları tavadaki domates karışımına ekleyin.

4. Servis etmek için tavuk karışımını lahana yapraklarının üzerine kaşıklayın; Chipotle Paleo Mayo ile üst.

BEBEK HAVUÇ VE BOK CHOY ILE TAVUK YAHNI

EV ÖDEVI:15 dakika pişirme: 24 dakika ayakta: 2 dakika Verim: 4 porsiyon

BEBEK ÇIN LAHANASI ÇOK HASSASTIRVE BIR ANDA FAZLA PIŞIRILEBILIR. ÇITIR ÇITIR VE TAZE KALMASINI, SOLMAMASINI VEYA ISLANMAMASINI SAĞLAMAK IÇIN, GÜVECI SERVIS ETMEDEN ÖNCE KAPALI GÜVEÇTE (ATEŞ KAPALI) EN FAZLA 2 DAKIKA BOYUNCA BUHARDA PIŞIRILDIĞINDEN EMIN OLUN.

- 2 yemek kaşığı zeytinyağı
- 1 pırasa dilimlenmiş (beyaz ve açık yeşil kısımları)
- 4 bardak tavuk kemik suyu (bkz.yemek tarifi) veya tuz eklenmemiş tavuk suyu
- 1 bardak kuru beyaz şarap
- 1 yemek kaşığı Dijon usulü hardal (bkz.yemek tarifi)
- ½ çay kaşığı karabiber
- 1 dal taze kekik
- 1¼ pound kemiksiz, derisiz tavuk butları, 1 inçlik parçalar halinde kesilmiş
- Üstleri temizlenmiş, kesilmiş ve uzunlamasına ikiye bölünmüş 8 ons bebek havuç veya 2 orta boy havuç, çapraz olarak kesilmiş
- 2 çay kaşığı ince rendelenmiş limon kabuğu (rezerv)
- 1 yemek kaşığı taze limon suyu
- 2 kafa baby bok choy
- ½ çay kaşığı taze kekik, şeritler halinde kesilmiş

1. Büyük bir tencerede 1 yemek kaşığı zeytinyağını orta ateşte ısıtın. Pırasaları sıcak yağda 3 ila 4 dakika veya yumuşayana kadar pişirin. Tavuk kemiği suyunu, şarabı, Dijon hardalını, ¼ çay kaşığı biberi ve bir tutam kekiği ekleyin. Kaynatın; ısıyı azaltın. 10 ila 12 dakika veya sıvı yaklaşık üçte bir oranında azalıncaya kadar pişirin. Kekik dalını atın.

2. Bu arada, kalan 1 yemek kaşığı zeytinyağını Hollanda fırınında orta-yüksek ateşte ısıtın. Tavuğun üzerine kalan ¼ çay kaşığı biber serpin. Sıcak yağda ara sıra karıştırarak yaklaşık 3 dakika veya altın rengi kahverengi olana kadar pişirin. Gerekirse yağı boşaltın. Azaltılmış et suyu karışımını dikkatlice tencereye ekleyin, kahverengi parçaları kazıyın; havuç ekleyin. Kaynatın; ısıyı azaltın. Kapağı açık olarak 8 ila 10 dakika veya havuçlar yumuşayana kadar pişirin. Limon suyunu ekleyin. Çin lahanasını uzunlamasına ikiye bölün. (Çikolata başları büyükse dörde bölün.) Çin lahanasını tenceredeki tavuğun üzerine yerleştirin. Örtün ve ocaktan alın; 2 dakika bekletin.

3. Güveci sığ kaselerde servis edin. Limon kabuğu ve kekik şeritlerini serpin.

KAJU FISTIKLI, PORTAKALLI VE TATLI BIBERLI, MARUL SARGISINDA TAVADA KIZARTILMIŞ TAVUK

BITIRMEK IÇIN BAŞLA:45 dakika verim: 4 ila 6 porsiyon

İKI TÜR BULACAKSINIZRAFLARDA HINDISTANCEVIZI YAĞI, RAFINE EDILMIŞ VE SIZMA VEYA RAFINE EDILMEMIŞ. ADINDAN DA ANLAŞILACAĞI GIBI SIZMA HINDISTANCEVIZI YAĞI, TAZE, ÇIĞ HINDISTAN CEVIZININ ILK PRESLENMESINDEN ELDE EDILIR. ORTA VEYA ORTA-YÜKSEK ATEŞTE YEMEK PIŞIRIRKEN HER ZAMAN EN IYI SEÇENEKTIR. RAFINE EDILMIŞ HINDISTANCEVIZI YAĞININ DUMANLANMA NOKTASI DAHA YÜKSEKTIR, BU NEDENLE ONU YALNIZCA YÜKSEK ATEŞTE PIŞIRIRKEN KULLANIN.

- 1 yemek kaşığı rafine hindistan cevizi yağı
- 1½ ila 2 pound kemiksiz, derisiz tavuk butları, ince ısırık büyüklüğünde şeritler halinde kesilmiş
- 3 adet kırmızı, turuncu ve/veya sarı tatlı biber, sapları çıkarılmış, çekirdekleri çıkarılmış ve ince şeritler halinde dilimlenmiş
- 1 kırmızı soğan, uzunlamasına ikiye bölünmüş ve ince dilimlenmiş
- 1 çay kaşığı ince rendelenmiş portakal kabuğu (rezerv)
- ½ su bardağı taze portakal suyu
- 1 yemek kaşığı doğranmış taze zencefil
- 3 diş sarımsak, kıyılmış
- 1 su bardağı çiğ, tuzsuz kaju fıstığı, kızartılmış ve iri kıyılmış (bkz.eğim)
- ½ su bardağı dilimlenmiş yeşil soğan (4)
- 8 ila 10 yaprak tereyağı veya buzdağı marul

1. Wok veya büyük bir tavada hindistancevizi yağını yüksek ateşte ısıtın. Tavuk ekleyin; 2 dakika pişirin ve karıştırın. Biber ve soğanı ekleyin; 2 ila 3 dakika veya sebzeler

yumuşamaya başlayana kadar pişirin ve karıştırın. Tavuğu ve sebzeleri wok'tan çıkarın; sıcak tutmak.

2. Tavayı kağıt havluyla silin. Portakal suyunu wok'a ekleyin. Yaklaşık 3 dakika veya meyve suyu kaynayıp biraz azalıncaya kadar pişirin. Zencefil ve sarımsak ekleyin. 1 dakika pişirin ve karıştırın. Tavuk ve biber karışımını wok'a geri koyun. Portakal kabuğunu, kaju fıstığını ve yeşil soğanı ekleyin. Marul yaprakları üzerinde sotelenerek servis yapın.

HINDISTAN CEVIZI VE LIMON OTLU VIETNAM TAVUĞU

BITIRMEK IÇIN BAŞLA: 30 dakikada verim: 4 porsiyon

BU HIZLI HINDISTAN CEVIZI KÖRILIATIŞTIRMAYA BAŞLADIĞINIZ ANDAN ITIBAREN 30 DAKIKA IÇINDE SOFRANIZDA OLABILMESI ONU YOĞUN BIR HAFTA IÇI GECESI IÇIN IDEAL BIR YEMEK HALINE GETIRIYOR.

1 yemek kaşığı rafine edilmemiş hindistancevizi yağı
4 limon otu sapı (sadece soluk kısımlar)
1 3,2 onsluk paket istiridye mantarı, doğranmış
1 büyük soğan, ince dilimlenmiş, halkaları yarıya bölünmüş
1 taze jalapeno, çekirdeği çıkarılmış ve ince doğranmış (bkz.eğim)
2 yemek kaşığı doğranmış taze zencefil
3 diş sarımsak, kıyılmış
1½ pound kemiksiz, derisiz tavuk butları, ince dilimlenmiş ve küçük parçalar halinde kesilmiş
½ bardak sade hindistan cevizi sütü (Nature's Way gibi)
½ bardak tavuk kemik suyu (bkz.yemek tarifi) veya tuz eklenmemiş tavuk suyu
1 yemek kaşığı tuzsuz kırmızı köri tozu
½ çay kaşığı karabiber
½ su bardağı doğranmış taze fesleğen yaprağı
2 yemek kaşığı taze limon suyu
Şekersiz rendelenmiş hindistan cevizi (isteğe bağlı)

1. Ekstra büyük bir tavada hindistancevizi yağını orta ateşte ısıtın. Limon otu ekleyin; 1 dakika pişirin ve karıştırın. Mantarları, soğanı, jalapeno biberini, zencefili ve sarımsağı ekleyin; 2 dakika veya soğan yumuşayana kadar pişirin ve karıştırın. Tavuk ekleyin; yaklaşık 3 dakika veya tavuk tamamen pişene kadar pişirin.

2. Küçük bir kapta hindistan cevizi sütü, tavuk kemiği suyu, köri tozu ve karabiberi birleştirin. Tavadaki tavuk karışımına ekleyin; 1 dakika veya sıvı hafifçe kalınlaşana kadar pişirin. Ateşten alın; Taze fesleğen ve limon suyunu ekleyin. İstenirse porsiyonlara hindistan cevizi serpebilirsiniz.

IZGARA TAVUK VE ELMALI ESCAROLE SALATASI

EV ÖDEVI: 30 dakika ızgara: 12 dakika verim: 4 porsiyon

DAHA TATLI BIR ELMAYI SEVIYORSANIZ HONEYCRISP'LE GIT. EKŞI ELMALARDAN HOŞLANIYORSANIZ GRANNY SMITH KULLANIN VEYA DENGE IÇIN IKI ÇEŞIDIN KARIŞIMINI DENEYIN.

3 orta boy Honeycrisp veya Granny Smith elması
4 çay kaşığı sızma zeytinyağı
½ su bardağı ince kıyılmış arpacık soğanı
2 yemek kaşığı kıyılmış taze maydanoz
1 yemek kaşığı kümes hayvanı baharatı
3 ila 4 baş hindiba, dörde bölünmüş
1 kiloluk öğütülmüş tavuk veya hindi göğsü
⅓ su bardağı kıyılmış kavrulmuş fındık *
⅓ fincan klasik Fransız salata sosu (bkz.yemek tarifi)

1. Elmaları ikiye bölün ve çekirdeklerini çıkarın. 1 adet elmayı soyup ince ince doğrayın. Orta boy bir tavada, 1 çay kaşığı zeytinyağını orta ateşte ısıtın. Kıyılmış elma ve arpacık soğanı ekleyin; yumuşayana kadar pişirin. Maydanoz ve kümes hayvanı baharatını ekleyin. Soğumaya bırakın.

2. Bu arada kalan 2 elmayı çekirdeklerini çıkarın ve dilimler halinde kesin. Elma dilimlerinin ve hindibanın kesilmiş taraflarını kalan zeytinyağıyla fırçalayın. Büyük bir kapta tavuk ve soğutulmuş elma karışımını birleştirin. Sekiz parçaya bölün; Her porsiyonu 2 inç çapında bir köfte haline getirin.

3. Kömürlü veya gazlı ızgara için tavuk burgerleri ve elma dilimlerini doğrudan orta ateşteki ızgaraya yerleştirin.

Kapağını kapatıp 10 dakika ızgara yapın, ızgaranın yarısına gelindiğinde bir kez çevirin. Escarole'un kesilmiş taraflarını aşağıya ekleyin. Kapağı kapatın ve 2 ila 4 dakika veya hindiba hafifçe kömürleşene, elmalar yumuşayana ve tavuk burgerler pişene (165°F) kadar ızgara yapın.

4. Hindibayı irice doğrayın. Escarole'u dört servis tabağına bölün. Üstüne tavuk köftesi, elma dilimleri ve fındık ekleyin. Klasik Fransız sosunu gezdirin.

*İpucu: Fındıkları kızartmak için fırını önceden 350°F'ye ısıtın. Sığ bir pişirme kabına fındıkları tek kat halinde yayın. Eşit şekilde kızartmak için bir kez karıştırarak 8 ila 10 dakika veya hafifçe kızarıncaya kadar pişirin. Fındıkları hafifçe soğutun. Sıcak fındıkları temiz bir mutfak havlusunun üzerine koyun; Gevşek cildi çıkarmak için havluyla ovalayın.

KARALAHANA KURDELELI TOSKANA TAVUK ÇORBASI

EV ÖDEVI:15 dakika pişirme: 20 dakika Verim: 4 ila 6 porsiyon

BIR KAŞIK PESTO—SEÇTIĞINIZ FESLEĞEN VEYA ROKA—TUZSUZ KÜMES HAYVANI BAHARATIYLA TATLANDIRILAN BU LEZZETLI ÇORBAYA HARIKA BIR LEZZET KATIYOR. LAHANA ŞERITLERINI PARLAK YEŞIL VE MÜMKÜN OLDUĞUNCA BESINLERLE DOLU TUTMAK IÇIN, ONLARI YALNIZCA SOLANA KADAR PIŞIRIN.

1 kiloluk öğütülmüş tavuk

2 yemek kaşığı tuz ilavesiz kümes hayvanı baharatı

1 çay kaşığı ince rendelenmiş limon kabuğu

1 yemek kaşığı zeytinyağı

1 su bardağı doğranmış soğan

½ su bardağı doğranmış havuç

1 su bardağı doğranmış kereviz

4 diş sarımsak, dilimlenmiş

4 bardak tavuk kemik suyu (bkz.<u>yemek tarifi</u>) veya tuz eklenmemiş tavuk suyu

1 14,5 onsluk ateşte kavrulmuş domates, tuz eklenmeden, süzülmemiş

1 demet Lacinato (Toskana) lahanası, sapları çıkarılmış, şeritler halinde kesilmiş

2 yemek kaşığı taze limon suyu

1 çay kaşığı taze kekik, şeritler halinde kesilmiş

Fesleğen veya roka pesto (bkz.<u>yemek tarifleri</u>)

1. Orta boy bir kapta, öğütülmüş tavuğu, kümes hayvanı baharatını ve limon kabuğu rendesini birleştirin. İyice karıştırın.

2. Hollandalı bir fırında zeytinyağını orta ateşte ısıtın. Tavuk karışımını, soğanı, havuçları ve kerevizi ekleyin; Eti parçalamak için bir tahta kaşıkla karıştırarak ve pişirmenin son dakikasında sarımsak dilimlerini

ekleyerek 5 ila 8 dakika veya tavuk artık pembeleşmeyene kadar pişirin. Tavuk kemik suyunu ve domatesi ekleyin. Kaynatın; ısıyı azaltın. Kapağını kapatıp 15 dakika pişirin. Lahanayı, limon suyunu ve kekiği ekleyin. Yaklaşık 5 dakika veya lahana soluncaya kadar kapağı açık olarak pişirin.

3. Servis yapmak için çorbayı kaselere koyun ve üzerine fesleğen veya roka pesto ekleyin.

TAVUK LARB

EV ÖDEVI:15 dakika pişirme: 8 dakika soğutma: 20 dakika Verim: 4 porsiyon

POPÜLER TAYLAND YEMEĞININ BU VERSIYONUMARUL YAPRAKLARI ÜZERINDE SERVIS EDILEN OLDUKÇA BAHARATLI ÖĞÜTÜLMÜŞ TAVUK VE SEBZELER, GELENEKSEL OLARAK IÇINDEKILER LISTESININ BIR PARÇASI OLAN ŞEKER, TUZ VE (SODYUM ORANI ÇOK YÜKSEK OLAN) BALIK SOSU EKLENMEDEN INANILMAZ DERECEDE HAFIF VE LEZZETLIDIR. SARIMSAK, TAY BIBERI, LIMON OTU, LIMON KABUĞU, LIMON SUYU, NANE VE KIŞNIŞ ILE BUNLARI KAÇIRMAYACAKSINIZ.

1 yemek kaşığı rafine hindistan cevizi yağı

2 pound öğütülmüş tavuk (%95 yağsız veya öğütülmüş göğüs)

8 ons mantar, ince doğranmış

1 su bardağı ince doğranmış kırmızı soğan

1 ila 2 Tayland biberi, çekirdekleri çıkarılmış ve ince doğranmış (bkz.eğim)

2 yemek kaşığı kıyılmış sarımsak

2 yemek kaşığı ince kıyılmış limon otu *

¼ çay kaşığı öğütülmüş karanfil

¼ çay kaşığı karabiber

1 yemek kaşığı ince rendelenmiş limon kabuğu

½ su bardağı taze limon suyu

⅓ fincan sıkıca paketlenmiş taze nane yaprakları, doğranmış

⅓ bardak sıkıca paketlenmiş taze kişniş, doğranmış

1 baş buzdağı marul, yapraklarına ayrılmış

1. Ekstra büyük bir tavada hindistancevizi yağını orta-yüksek ateşte ısıtın. Öğütülmüş tavuk, mantar, soğan, biber(ler), sarımsak, limon otu, karanfil ve karabiber ekleyin. 8 ila 10 dakika veya tavuk tamamen pişene kadar pişirin, pişerken eti parçalamak için tahta bir kaşıkla karıştırın. Gerekirse boşaltın. Tavuk karışımını ekstra geniş bir kaseye aktarın.

Ara sıra karıştırarak yaklaşık 20 dakika veya oda sıcaklığından biraz daha sıcak olana kadar soğumaya bırakın.

2. Tavuk karışımına limon kabuğu rendesi, limon suyu, nane ve kişniş ekleyin. Marul yaprakları üzerinde servis yapın.

*İpucu: Limon otunu hazırlamak için keskin bir bıçağa ihtiyacınız olacak. Bitkinin alt kısmındaki odunsu sapı ve üst kısmındaki sert yeşil yaprakları kesin. İki sert dış katmanı çıkarın. Yaklaşık 6 inç uzunluğunda ve soluk sarı renkli bir limon otu parçanız olmalıdır. Sapı yatay olarak ikiye bölün ve ardından her yarımı tekrar ikiye bölün. Sapın her çeyreğini çok ince dilimler halinde kesin.

SZECHWAN KAJU SOSLU TAVUK BURGER

EV ÖDEVİ:30 dakika pişirme: 5 dakika ızgara: 14 dakika Verim: 4 porsiyon

ISITILARAK YAPILAN BIBER YAĞIEZILMIŞ KIRMIZI BIBERLI ZEYTINYAĞI BAŞKA ŞEKILLERDE DE KULLANILABILIR. TAZE SEBZELERI SOTELEMEK IÇIN KULLANIN VEYA KIZARTMADAN ÖNCE BIRAZ BIBER YAĞIYLA KARIŞTIRIN.

- 2 yemek kaşığı zeytinyağı
- ¼ çay kaşığı ezilmiş kırmızı biber
- 2 bardak çiğ kaju fıstığı, kızartılmış (bkz.eğim)
- ¼ bardak zeytinyağı
- ½ su bardağı rendelenmiş kabak
- ¼ bardak ince kıyılmış frenk soğanı
- 2 diş sarımsak, kıyılmış
- 2 çay kaşığı ince rendelenmiş limon kabuğu
- 2 çay kaşığı rendelenmiş taze zencefil
- 1 kiloluk öğütülmüş tavuk veya hindi göğsü

SZECHWAN KAJU SOSU

- 1 yemek kaşığı zeytinyağı
- 2 yemek kaşığı ince doğranmış frenk soğanı
- 1 yemek kaşığı rendelenmiş taze zencefil
- 1 çay kaşığı Çin beş baharat tozu
- 1 çay kaşığı taze limon suyu
- 4 yaprak yeşil yapraklı marul veya tereyağlı marul

1. Biber yağı için küçük bir tencerede zeytinyağını ve ezilmiş kırmızı biberi birleştirin. 5 dakika kısık ateşte ısıtın. Ateşten alın; soğumaya bırakın.

2. Kaju ezmesi için kaju fıstıklarını ve 1 yemek kaşığı zeytinyağını blendera koyun. Kapağı kapatın ve krema

kıvamına gelinceye kadar karıştırın, gerektiğinde kenarlarını sıyırmak için durun ve ¼ bardağın tamamı kullanılıncaya ve tereyağı çok pürüzsüz hale gelinceye kadar her seferinde 1 çorba kaşığı ilave zeytinyağı ekleyin; bir kenara koyun.

3. Büyük bir kapta kabak, yeşil soğan, sarımsak, limon kabuğu ve 2 çay kaşığı zencefili birleştirin. Öğütülmüş tavuğu ekleyin; iyice karıştırın. Tavuk karışımını dört adet ½ inç kalınlığında köfte haline getirin.

4. Kömürlü veya gazlı ızgara için, burgerleri doğrudan orta ateşteki yağlanmış ızgaraya yerleştirin. Kapağı kapatın ve 14 ila 16 dakika veya pişene kadar (165°F) ızgara yapın, ızgara boyunca yarıya kadar bir kez çevirin.

5. Bu arada sos için zeytinyağını küçük bir tavada orta ateşte ısıtın. Yeşil soğan ve 1 yemek kaşığı zencefil ekleyin; Orta-düşük ateşte 2 dakika veya yeşil soğanlar yumuşayana kadar pişirin. ½ fincan kaju yağı (kalan kaju yağını 1 haftaya kadar buzdolabında saklayın), kırmızı biber yağı, limon suyu ve beş baharat tozunu ekleyin. 2 dakika daha pişirin. Ateşten alın.

6. Empanadaları marul yapraklarının üzerinde servis edin. Sosla gezdirin.

TÜRK TAVUK DÜRÜMLERI

EV ÖDEVI:25 dakika dinlenme: 15 dakika pişirme: 8 dakika Verim: 4 ila 6 porsiyon

"BAHARAT" ARAPÇADA "BAHARAT" ANLAMINA GELIR.ORTA DOĞU MUTFAĞINDA ÇOK AMAÇLI BIR ÇEŞNIDIR VE GENELLIKLE BALIK, KÜMES HAYVANLARI VE ETLER IÇIN OVALAMA OLARAK VEYA ZEYTINYAĞIYLA KARIŞTIRILARAK SEBZE TURŞUSU OLARAK KULLANILIR. TARÇIN, KIMYON, KIŞNIŞ, KARANFIL VE KIRMIZI BIBER GIBI TATLI VE SICAK BAHARATLARIN BIRLEŞIMI ONU ÖZELLIKLE AROMATIK HALE GETIRIR. KURU NANE ILAVESI TÜRK DOKUNUŞUDUR.

⅓ su bardağı kükürtsüz kuru kayısı, doğranmış

⅓ su bardağı doğranmış kuru incir

1 yemek kaşığı rafine edilmemiş hindistancevizi yağı

1½ pound öğütülmüş tavuk göğsü

3 su bardağı dilimlenmiş pırasa (sadece beyaz ve açık yeşil kısımları) (3)

⅔ orta boy yeşil ve/veya kırmızı tatlı biber, ince dilimlenmiş

2 yemek kaşığı Baharat baharatı (bkz.yemek tarifi, altında)

2 diş sarımsak, kıyılmış

1 su bardağı çekirdekleri çıkarılmış domates, doğranmış (2 orta boy)

1 su bardağı çekirdekleri çıkarılmış salatalık, doğranmış (½ orta boy)

½ bardak tuzsuz antep fıstığı, kabukları soyulmuş ve doğranmış, kızartılmış (bkz.eğim)

¼ bardak doğranmış taze nane

¼ bardak taze maydanoz, şeritler halinde kesilmiş

8 ila 12 büyük yaprak tereyağı veya Bibb marul

1. Kayısı ve incirleri küçük bir kaseye koyun. ⅔ bardak kaynar su ekleyin; 15 dakika bekletin. Sıvının ½ fincanını ayırarak boşaltın.

2. Bu arada ekstra büyük bir tavada hindistancevizi yağını orta ateşte ısıtın. Öğütülmüş tavuğu ekleyin; Eti pişerken parçalamak için tahta kaşıkla karıştırarak 3 dakika pişirin. Pırasayı, tatlı biberi, Baharat baharatını ve sarımsağı ekleyin; yaklaşık 3 dakika veya tavuk pişene ve biber yumuşayana kadar pişirin ve karıştırın. Kayısı, incir, ayrılmış sıvıyağı, domates ve salatalığı ekleyin. Yaklaşık 2 dakika veya domates ve salatalık parçalanmaya başlayıncaya kadar pişirin ve karıştırın. Antep fıstığını, naneyi ve maydanozu ekleyin.

3. Tavuk ve sebzeleri marul yaprakları üzerinde servis edin.

Baharat Baharatı: Küçük bir kapta 2 yemek kaşığı tatlı kırmızı biberi birleştirin; 1 yemek kaşığı karabiber; 2 çay kaşığı kuru nane, ince öğütülmüş; 2 çay kaşığı öğütülmüş kimyon; 2 çay kaşığı öğütülmüş kişniş; 2 çay kaşığı öğütülmüş tarçın; 2 çay kaşığı öğütülmüş karanfil; 1 çay kaşığı öğütülmüş hindistan cevizi; ve 1 çay kaşığı öğütülmüş kakule. Sıkıca kapatılmış bir kapta oda sıcaklığında saklayın. Yaklaşık ½ bardak yapar.

İSPANYOL CORNISH TAVUKLARI

EV ÖDEVİ: 10 dakika pişirme: 30 dakika kavurma: 6 dakika Verim: 2 ila 3 porsiyon

BU TARIF DAHA BASIT OLAMAZDI.—VE SONUÇLAR KESİNLİKLE MUHTEŞEM. BOL MIKTARDA FÜME KIRMIZI BIBER, SARIMSAK VE LİMON BU MİNİK KUŞLARA HARİKA BIR TAT VERİR.

2 1½ kiloluk Cornish tavuğu, donmuşsa çözülmüş
1 yemek kaşığı zeytinyağı
6 diş sarımsak, kıyılmış
2 ila 3 yemek kaşığı tatlı füme kırmızı biber
¼ ila ½ çay kaşığı acı biber (isteğe bağlı)
2 limon, dörde bölünmüş
2 yemek kaşığı taze maydanoz, şeritler halinde kesilmiş (isteğe bağlı)

1. Fırını 375°F'ye önceden ısıtın. Avlanan tavukları dörde bölmek için mutfak makası veya keskin bir bıçak kullanarak dar omurganın her iki tarafını da kesin. Kelebek kuşu açar ve tavuğu göğüs kemiğinden ikiye böler. Uylukları göğüsten ayıran deriyi ve eti keserek arka kısmı çıkarın. Kanadı ve göğsü sağlam tutun. Cornish tavuk parçalarının üzerine zeytinyağını sürün. Kıyılmış sarımsak serpin.

2. Tavuk parçalarını, deri tarafı yukarı bakacak şekilde, fırına dayanıklı ekstra büyük bir tavaya yerleştirin. Füme kırmızı biber ve kırmızı biber serpin. Tavukların üzerine limon dilimlerini sıkın; tavaya limon çeyrekleri ekleyin. Tavada tavuk parçalarını derisi alta gelecek şekilde çevirin. Örtün ve 30 dakika pişirin. Tavayı fırından çıkarın.

3. Izgarayı önceden ısıtın. Maşa kullanarak parçaları ters çevirin. Fırın rafını ayarlayın. Derisi kızarana ve tavuklar

pişene (175°F) kadar 6 ila 8 dakika boyunca ısıdan 4 ila 5 inç uzakta kızartın. Tava suyunu gezdirin. İstenirse maydanoz serpilir.

NARLI VE JICAMA SALATALI ÖRDEK GÖĞSÜ

EV ÖDEVI: 15 dakika pişirme: 15 dakika verim: 4 porsiyon

BIR ELMAS DESENINI KESINÖRDEK GÖĞÜSLERINDEKI YAĞ, GARAM MASALA ILE TATLANDIRILMIŞ GÖĞÜSLER PIŞERKEN YAĞIN DAMLAMASINI SAĞLAR. YAĞ, JICAMA, NAR TANELERI, PORTAKAL SUYU VE ET SUYU ILE BIRLEŞTIRILIR VE BAHARATLI YEŞILLIKLERLE KARIŞTIRILARAK BIRAZ SOLDURULUR.

4 kemiksiz Muscovy ördek göğsü (toplamda yaklaşık 1½ ila 2 pound)

1 yemek kaşığı garam masala

1 yemek kaşığı rafine edilmemiş hindistancevizi yağı

2 bardak soyulmuş ve doğranmış jicama

½ bardak nar taneleri

¼ bardak taze portakal suyu

¼ bardak sığır eti kemik suyu (bkz. yemek tarifi) veya tuz eklenmemiş et suyu

3 su bardağı su teresi, sapları çıkarılmış

3 su bardağı yırtılmış frize ve/veya ince dilimlenmiş Belçika hindibası

1. Keskin bir bıçak kullanarak ördek göğüslerinin yağlarında 1 inç aralıklarla elmas şeklinde sığ kesimler yapın. Göğüs yarımlarının her iki tarafına da garam masala serpin. Ekstra büyük bir tavayı orta ateşte ısıtın. Hindistan cevizi yağını sıcak tavada eritin. Göğüs yarımlarını deri tarafı aşağı bakacak şekilde tavaya yerleştirin. Deri tarafı aşağı bakacak şekilde 8 dakika pişirin, çok çabuk kızarmamaya dikkat edin (gerekirse ısıyı azaltın). Ördek göğüslerini çevirin; 5 ila 6 dakika daha veya göğüs yarımlarına yerleştirilen anında okunan bir termometre orta için 145°F kaydedene kadar pişirin. Yağı tavada saklayarak

göğüs yarımlarını çıkarın; Sıcak tutmak için alüminyum folyo ile örtün.

2. Giyinmek için tava damlamalarına jicama ekleyin; orta ateşte 2 dakika pişirin ve karıştırın. Tavaya nar tanelerini, portakal suyunu ve dana kemik suyunu ekleyin. Kaynatın; Derhal ısıdan çıkarın.

3. Salata için su teresi ve frizeyi geniş bir kapta birleştirin. Sıcak sosu sebzelerin üzerine dökün; ceketine fırlat.

4. Salatayı dört tabağa bölün. Ördek göğüslerini ince dilimler halinde kesip salatalara koyun.

SARIMSAK KÖKÜ PÜRESI ILE KAVRULMUŞ HINDI

EV ÖDEVI:1 saat kavurma: 2 saat 45 dakika dinlenme: 15 dakika Verim: 12 - 14 porsiyon

OLAN BIR HINDI ARAYINSALIN SOLÜSYONU ENJEKTE EDILMEMIŞTIR. ETIKETTE "GELIŞTIRILMIŞ" VEYA "KENDI KENDINE SPREY" YAZIYORSA, MUHTEMELEN SODYUM VE DIĞER KATKI MADDELERI ILE DOLUDUR.

- 1 hindi, 12 ila 14 pound
- 2 yemek kaşığı Akdeniz baharatı (bkz.yemek tarifi)
- ¼ bardak zeytinyağı
- 3 pound orta boy havuç, soyulmuş, dilimlenmiş ve uzunlamasına yarıya veya dörde bölünmüş
- Sarımsaklı kök püresi için 1 tarif (bkz.yemek tarifi, altında)

1. Fırını önceden 425°F'a ısıtın. Hindinin boynunu ve sakatatlarını çıkarın; İstenirse başka bir kullanım için ayırın. Cildi göğsün kenarından dikkatlice gevşetin. Göğsün üst kısmında ve bagetlerin üst kısmında bir cep oluşturmak için parmaklarınızı derinin altında gezdirin. 1 yemek kaşığı Akdeniz baharatını derinin altına dökün; Göğüs ve baget üzerine eşit şekilde dağıtmak için parmaklarınızı kullanın. Boyun derisini geriye çekin; bir şişle sabitleyin. Bagetlerin uçlarını kuyruk boyunca deri bandının altına sokun. Deri bant yoksa bagetleri %100 pamuklu mutfak ipiyle kuyruğa sıkıca bağlayın. Kanat uçlarını arkanın altına çevirin.

2. Hindiyi göğüs kısmı yukarı bakacak şekilde ekstra geniş sığ bir kızartma tavasındaki rafa yerleştirin. Hindiyi 2 yemek kaşığı yağla fırçalayın. Hindiyi kalan Akdeniz baharatıyla serpin. Fırında güvenli bir et termometresini iç uyluk

kasının ortasına yerleştirin; Termometre kemiğe temas etmemelidir. Hindiyi alüminyum folyo ile gevşek bir şekilde örtün.

3. 30 dakika kızartın. Fırın sıcaklığını 325°F'ye düşürün. 1 ½ saat kızartın. Ekstra geniş bir kapta havuçları ve kalan 2 yemek kaşığı yağı birleştirin; ceketine fırlat. Havuçları geniş kenarlı bir fırın tepsisine yayın. Folyoyu hindiden çıkarın ve bagetlerin arasından bir deri şeridi veya ip kesin. Havuçları ve hindiyi 45 dakika ila 1¼ saat daha fazla veya termometre 175°F'yi gösterene kadar kızartın.

4. Hindiyi fırından çıkarın. Kapak; kesmeden önce 15 ila 20 dakika dinlenmeye bırakın. Hindiyi havuç ve sarımsak kökü püresiyle servis edin.

Sarımsak Kökü Püresi: 3 ila 3½ pound rutabaga ve 1½ ila 2 pound kereviz kökünü kesin ve soyun; 2 inçlik parçalar halinde kesin. 6 litrelik bir tencerede, şalgamı ve kereviz kökünü üzerini kaplayacak kadar kaynar suda 25 ila 30 dakika veya iyice yumuşayana kadar pişirin. Bu arada küçük bir tencerede 3 yemek kaşığı sızma yağı ve 6 ila 8 diş kıyılmış sarımsağı birleştirin. 5 ila 10 dakika veya sarımsak çok hoş kokulu ancak kahverengi olmayana kadar pişirin. ¾ bardak tavuk kemik suyunu dikkatlice ekleyin (bkz.yemek tarifi) veya tuz eklenmemiş tavuk suyu. Kaynatın; Ateşten alın. Sebzeleri süzüp tekrar tencereye alın. Sebzeleri patates eziciyle ezin veya elektrikli mikserle kısık ateşte çırpın. ½ çay kaşığı karabiber ekleyin. Sebzeler birleştirilene ve neredeyse pürüzsüz hale gelinceye kadar yavaş yavaş et suyu karışımına ezin veya çırpın. İstenilen kıvamı elde etmek için gerekirse ¼ bardak tavuk kemiği suyu daha ekleyin.

PESTO SOSLU HINDI GÖĞSÜ DOLMASI VE ROKA SALATASI

EV ÖDEVI:30 dakika kavurma: 1 saat 30 dakika dinlenme: 20 dakika Verim: 6 porsiyon

BU BEYAZ ET SEVENLER IÇIN.ORADA, GÜNEŞTE KURUTULMUŞ DOMATES, FESLEĞEN VE AKDENIZ BAHARATLARIYLA DOLDURULMUŞ ÇITIR DERILI HINDI GÖĞSÜ VAR. ARTIKLAR HARIKA BIR ÖĞLE YEMEĞI YAPAR.

1 su bardağı kükürtsüz güneşte kurutulmuş domates (yağda paketlenmemiş)
Deriyle birlikte 1 yarım 4 kiloluk kemiksiz hindi göğsü
3 çay kaşığı Akdeniz baharatı (bkz.yemek tarifi)
1 bardak gevşek paketlenmiş taze fesleğen yaprağı
1 yemek kaşığı zeytinyağı
8 ons bebek roka
3 büyük domates, ikiye bölünmüş ve dilimlenmiş
¼ bardak zeytinyağı
2 yemek kaşığı kırmızı şarap sirkesi
Karabiber
1½ bardak fesleğen pesto (bkz.yemek tarifi)

1. Fırını önceden 375°F'ye ısıtın. Küçük bir kapta, güneşte kurutulmuş domateslerin üzerini kaplayacak kadar kaynar su dökün. 5 dakika bekletin; süzün ve ince ince doğrayın.

2. Hindi göğsünü derisi aşağı bakacak şekilde geniş bir plastik tabakanın üzerine yerleştirin. Hindinin üzerine başka bir plastik örtü tabakası yerleştirin. Bir et tokmağının düz tarafını kullanarak göğsü eşit bir kalınlığa, yaklaşık ¾ inç kalınlığa gelinceye kadar hafifçe dövün. Plastik ambalajı atın. Etin üzerine 1½ çay kaşığı Akdeniz baharatı serpin.

Üstüne domates ve fesleğen yapraklarını ekleyin. Hindi göğsünü derisi dışarı bakacak şekilde dikkatlice yuvarlayın. %100 pamuklu mutfak ipi kullanarak kızartmayı dört ila altı yerden bağlayın. 1 yemek kaşığı zeytinyağı ile fırçalayın. Kalan 1½ çay kaşığı Akdeniz baharatını rostoyu serpin.

3. Kızartmayı deri tarafı yukarı gelecek şekilde sığ bir tavaya yerleştirilmiş bir rafa yerleştirin. Kapağı açık olarak 1½ saat boyunca veya ortasına yakın bir yere yerleştirilen anında okunan termometre 165°F'yi kaydedene ve derisi altın kahverengi ve gevrek oluncaya kadar kızartın. Hindiyi fırından çıkarın. Alüminyum folyo ile gevşek bir şekilde örtün; dilimlemeden önce 20 dakika dinlendirin.

4. Roka salatası için büyük bir kapta rokayı, domatesi, ¼ bardak zeytinyağını, sirkeyi ve damak tadınıza göre biberi birleştirin. Dizeleri kızartmadan çıkarın. Hindiyi ince dilimler halinde kesin. Roka salatası ve fesleğen pesto ile servis yapın.

KIRAZLI BARBEKÜ SOSLU BAHARATLI HINDI GÖĞSÜ

EV ÖDEVI:15 dakika kavurma: 1 saat 15 dakika dinlenme: 45 dakika Verim: 6 ila 8 porsiyon

BU IYI BIR TARIFHAMBURGERDEN FAZLASINI YAPMAK ISTEDIĞINIZDE, ARKA BAHÇENIZDEKI BARBEKÜDE KALABALIĞA SERVIS YAPIN. ÇITIR BROKOLI SALATASI GIBI ÇITIR BIR SALATAYLA SERVIS YAPIN (BKZ.YEMEK TARIFI) VEYA TRAŞLANMIŞ BRÜKSEL LAHANASI SALATASI (BKZ.YEMEK TARIFI).

- 1 bütün kemikli hindi göğsü, 4 ila 5 pound
- 3 yemek kaşığı füme baharat (bkz.yemek tarifi)
- 2 yemek kaşığı taze limon suyu
- 3 yemek kaşığı zeytinyağı
- 1 bardak Sauvignon Blanc gibi sek beyaz şarap
- 1 bardak taze veya dondurulmuş şekersiz Bing kirazı, çekirdekleri çıkarılmış ve doğranmış
- ⅓ bardak su
- 1 bardak barbekü sosu (bkz.yemek tarifi)

1. Hindi göğsünü oda sıcaklığında 30 dakika dinlendirin. Fırını 325°F'ye önceden ısıtın. Hindi göğsünü derisi yukarı bakacak şekilde bir kızartma tavasındaki rafa yerleştirin.

2. Küçük bir kapta duman baharatını, limon suyunu ve zeytinyağını birleştirerek macun haline getirin. Etin derisini gevşetin; Salçanın yarısını deri altındaki etin üzerine yavaşça yayın. Kalan macunu cildinize eşit şekilde yayın. Şarabı kızartma kabının dibine dökün.

3. 1¼ ila 1½ saat veya cilt altın kahverengi oluncaya kadar kızartın ve kızartmanın ortasına yerleştirilen (kemiğe değmeyen) anında okunan bir termometre, pişirme süresinin yarısına gelindiğinde kızartma tavasını döndürerek 170°F'yi kaydeder. Kesmeden önce 15 ila 30 dakika dinlendirin.

4. Bu arada kirazlı barbekü sosu için orta boy bir tencerede kirazları ve suyu birleştirin. Kaynatın; ısıyı azaltın. Kapağı açık olarak 5 dakika pişirin. Barbekü sosunu ekleyin; 5 dakika kaynatın. Hindiyle birlikte ılık veya oda sıcaklığında servis yapın.

ŞARAPTA KIZARTILMIŞ HINDI FILETOSU

EV ÖDEVI:30 dakika pişirme: 35 dakika verim: 4 porsiyon

HINDIYI TAVADA PIŞIRINŞARAP, DOĞRANMIŞ ROMA DOMATES, TAVUK SUYU, TAZE OTLAR VE EZILMIŞ KIRMIZI BIBERIN BIRLEŞIMI HARIKA BIR LEZZET KATIYOR. HER LOKMADA LEZZETLI ET SUYUNDAN BIRAZ ALMAK IÇIN BU GÜVEÇ BENZERI YEMEĞI SIĞ KASELERDE VE BÜYÜK KAŞIKLARLA SERVIS EDIN.

2 adet 8 ila 12 onsluk hindi bonfile, 1 inçlik parçalar halinde kesilmiş

2 yemek kaşığı tuz ilavesiz kümes hayvanı baharatı

2 yemek kaşığı zeytinyağı

6 diş sarımsak (kıyılmış) (1 yemek kaşığı)

1 su bardağı doğranmış soğan

½ bardak doğranmış kereviz

6 roma domates, çekirdekleri çıkarılmış ve doğranmış (yaklaşık 3 bardak)

½ fincan Sauvignon Blanc gibi sek beyaz şarap

½ bardak tavuk kemik suyu (bkz.yemek tarifi) veya tuz eklenmemiş tavuk suyu

½ çay kaşığı ince kıyılmış taze biberiye

¼ ila ½ çay kaşığı ezilmiş kırmızı biber

½ bardak taze fesleğen yaprağı, doğranmış

½ bardak taze maydanoz, şeritler halinde kesilmiş

1. Büyük bir kaseye hindi parçalarını kümes hayvanı baharatıyla kaplayın. Ekstra büyük yapışmaz tavada 1 yemek kaşığı zeytinyağını orta ateşte ısıtın. Hindiyi sıcak yağda her tarafı kızarıncaya kadar gruplar halinde pişirin. (Hindi'nin iyice pişmesine gerek yoktur.) Bir tabağa aktarın ve sıcak tutun.

2. Kalan 1 yemek kaşığı zeytinyağını tavaya ekleyin. Isıyı orta-yüksek seviyeye yükseltin. Sarımsak ekleyin; 1 dakika

pişirin ve karıştırın. Soğan ve kereviz ekleyin; 5 dakika pişirin ve karıştırın. Hindi ve tava sularını, domatesleri, şarabı, tavuk kemiği suyunu, biberiyeyi ve ezilmiş kırmızı biberi ekleyin. Isıyı orta-düşük seviyeye düşürün.
Kapağını kapatıp ara sıra karıştırarak 20 dakika pişirin. Fesleğen ve maydanozu ekleyin. Kapağını açın ve 5 dakika daha veya hindi artık pembe olmayana kadar pişirin.

FRENK SOĞANI VE KARIDES SOSLU SOTELENMIŞ HINDI GÖĞSÜ

EV ÖDEVI:30 dakikalık pişirme: 15 dakikalık verim: 4 porsiyon FOTOĞRAF

HINDI BONFILELERINI IKIYE BÖLÜNETI KESERKEN, MÜMKÜN OLDUĞU KADAR YATAY VE EŞIT BIR ŞEKILDE, AVUCUNUZUN IÇINDE HER BIRINE SABIT BIR BASKI UYGULAYARAK HAFIFÇE BASTIRIN.

¼ bardak zeytinyağı

2 adet 8 ila 12 onsluk hindi göğsü bonfile, yatay olarak ikiye bölünmüş

¼ çay kaşığı taze çekilmiş karabiber

3 yemek kaşığı zeytinyağı

4 diş sarımsak, kıyılmış

8 ons orta boy karides, soyulmuş ve ayrılmış, kuyrukları çıkarılmış ve uzunlamasına ikiye bölünmüş

¼ fincan sek beyaz şarap, tavuk kemiği suyu (bkz.yemek tarifi) veya tuz eklenmemiş tavuk suyu

2 yemek kaşığı taze frenk soğanı, şeritler halinde kesilmiş

½ çay kaşığı ince rendelenmiş limon kabuğu

1 yemek kaşığı taze limon suyu

Balkabağı ve domates erişstesi (bkz.yemek tarifi, aşağıda) (isteğe bağlı)

1. Ekstra büyük bir tavada 1 yemek kaşığı zeytinyağını orta-yüksek ateşte ısıtın. Hindiyi tavaya ekleyin; biber serpin. Isıyı orta seviyeye düşürün. 12 ila 15 dakika veya artık pembeleşmeyene ve meyve suları berrak (165°F) akana kadar pişirin, pişirme süresinin yarısında bir kez çevirin. Hindi filetolarını tavadan çıkarın. Sıcak tutmak için alüminyum folyo ile örtün.

2. Sos için aynı tavada 3 yemek kaşığı yağı orta ateşte ısıtın. Sarımsak ekleyin; 30 saniye pişirin. Karides ekleyin; 1

dakika pişirin ve karıştırın. Şarap, yeşil soğan ve limon kabuğunu ekleyin; 1 dakika daha veya karidesler opaklaşana kadar pişirin ve karıştırın. Ateşten alın; limon suyu ekleyin. Servis yapmak için sosu hindi filetolarının üzerine dökün. Arzu ederseniz kabak eriştesi ve domates ile servis yapın.

Kabak ve Domates Eriştesi: Bir mandolin veya jülyen soyucu kullanarak 2 sarı yaz kabağını jülyen şeritler halinde kesin. Büyük bir tavada 1 yemek kaşığı sızma zeytinyağını orta-yüksek ateşte ısıtın. Balkabağı şeritleri ekleyin; 2 dakika pişirin. 1 su bardağı dörde bölünmüş üzüm domates ve ¼ çay kaşığı taze çekilmiş karabiber ekleyin; 2 dakika daha veya kabak gevrekleşinceye kadar pişirin.

KÖK SEBZELI KIZARMIŞ HINDI

EV ÖDEVI: 30 dakikalık pişirme: 1 saat 45 dakika Verim: 4 porsiyon

BU DA O YEMEKLERDEN BIRIBUNU SERIN BIR SONBAHAR AKŞAMINDA, FIRINDA KAYNARKEN YÜRÜYÜŞE ÇIKMAK IÇIN ZAMANINIZ OLDUĞUNDA YAPMAK ISTIYORSUNUZ. EGZERSIZ IŞTAHINIZI AÇMIYORSA, KAPIDAN IÇERI GIRDIĞINIZDE ORTAYA ÇIKAN HARIKA AROMA KESINLIKLE AÇACAKTIR.

3 yemek kaşığı zeytinyağı

4 hindi budu, 20 ila 24 ons

½ çay kaşığı taze çekilmiş karabiber

6 diş sarımsak, soyulmuş ve ezilmiş

1½ çay kaşığı rezene tohumu, ezilmiş

1 çay kaşığı bütün yenibahar, morarmış*

1½ su bardağı tavuk kemiği suyu (bkz.yemek tarifi) veya tuz eklenmemiş tavuk suyu

2 dal taze biberiye

2 dal taze kekik

1 defne yaprağı

2 büyük soğan, soyulmuş ve her biri 8 parçaya bölünmüş

6 büyük havuç, soyulmuş ve 1 inçlik dilimler halinde kesilmiş

2 büyük şalgam, soyulmuş ve 1 inçlik küpler halinde kesilmiş

2 orta boy yaban havucu, soyulmuş ve 1 inçlik dilimler halinde kesilmiş**

1 kereviz kökü, soyulmuş ve 1 inçlik parçalar halinde kesilmiş

1. Fırını önceden 350°F'a ısıtın. Büyük bir tavada zeytinyağını orta-yüksek ateşte parıldayana kadar ısıtın. 2 hindi budu ekleyin. Yaklaşık 8 dakika veya bacaklar altın kahverengi ve her tarafı çıtır çıtır olana kadar pişirin ve eşit şekilde kızarana kadar pişirin. Hindi bacaklarını bir tabağa aktarın; kalan 2 hindi budu ile tekrarlayın. Bir kenara koyun.

2. Tavaya biber, sarımsak, rezene tohumu ve yenibahar tohumlarını ekleyin. Orta ateşte 1 ila 2 dakika veya kokusu çıkana kadar pişirin ve karıştırın. Tavuk kemik suyunu, biberiyeyi, kekiği ve defne yaprağını ekleyin. Tencerenin dibindeki kahverengileşmiş parçaları kazımak için karıştırarak kaynatın. Tavayı ocaktan alın ve bir kenara koyun.

3. Sıkı kapanan kapağı olan ekstra büyük bir Hollanda fırınında soğanları, havuçları, şalgamları, yaban havuçlarını ve kereviz kökünü birleştirin. Tavadan sıvı ekleyin; ceketine fırlat. Hindi bacaklarını sebze karışımına bastırın. Bir kapakla örtün.

4. Yaklaşık 1 saat 45 dakika veya sebzeler yumuşayana ve hindi tamamen pişene kadar pişirin. Hindi budu ve sebzeleri geniş, sığ kaselerde servis edin. Tava suyunu üstüne gezdirin.

*İpucu: Yenibahar ve rezene tohumlarını ezmek için tohumları bir kesme tahtası üzerine yerleştirin. Şef bıçağının düz tarafını kullanarak tohumları hafifçe ezmek için bastırın.

**İpucu: Yaban havuçlarının üst kısımlarından büyük parçalar küp şeklinde kesin.

KARAMELIZE SOĞAN DOMATES SOSLU OTLU HINDI KÖFTE VE KAVRULMUŞ LAHANA DILIMLERI

EV ÖDEVI:15 dakika pişirme: 30 dakika pişirme: 1 saat 10 dakika dinlenme: 5 dakika
Verim: 4 porsiyon

KLASIK DOMATES SOSLU KÖFTE KESINLIKLEKETÇAP AÇILDIĞINDA PALEO MENÜSÜNDE (BKZ.YEMEK TARIFI) TUZ VE ILAVE ŞEKER IÇERMEZ. BURADA DOMATES SOSU, PIŞIRMEDEN ÖNCE KÖFTELERIN ÜZERINE YIĞILAN KARAMELIZE SOĞANLA KARIŞTIRILIYOR.

- 1½ pound öğütülmüş hindi
- 2 yumurta, hafifçe dövülmüş
- ½ su bardağı badem unu
- ⅓ fincan taze maydanoz, şeritler halinde kesilmiş
- ¼ bardak ince dilimlenmiş yeşil soğan (2)
- 1 yemek kaşığı taze adaçayı, şeritler halinde kesilmiş veya 1 çay kaşığı kurutulmuş adaçayı, ezilmiş
- 1 yemek kaşığı taze kekik, şeritler halinde kesilmiş veya 1 çay kaşığı kurutulmuş kekik, ezilmiş
- ¼ çay kaşığı karabiber
- 2 yemek kaşığı zeytinyağı
- 2 tatlı soğan, yarıya bölünmüş ve ince dilimlenmiş
- 1 bardak Paleo Ketçap (bkz.yemek tarifi)
- 1 küçük baş lahana, ikiye bölünmüş, çekirdekleri çıkarılmış ve 8 parçaya bölünmüş
- ½ ila 1 çay kaşığı ezilmiş kırmızı biber

1. Fırını önceden 350°F'ye ısıtın. Büyük bir fırın tepsisini parşömen kağıdıyla kaplayın; bir kenara koyun. Büyük bir kapta hindi eti, yumurta, badem unu, maydanoz, frenk soğanı, adaçayı, kekik ve karabiberi birleştirin. Hazırlanan

fırın tepsisinde hindi karışımını 8 × 4 inçlik bir somun haline getirin. 30 dakika pişirin.

2. Bu arada karamelize soğan ketçapı için 1 yemek kaşığı zeytinyağını büyük bir tavada orta ateşte ısıtın. Soğan ekleyin; yaklaşık 5 dakika veya soğanlar kahverengileşene kadar sık sık karıştırarak pişirin. Isıyı orta-düşük seviyeye düşürün; yaklaşık 25 dakika veya altın rengi kahverengi olana ve çok yumuşak olana kadar ara sıra karıştırarak pişirin. Ateşten alın; Paleo Ketçap'ı ekleyin.

3. Hindi ekmeğinin üzerine biraz karamelize soğan ketçapı dökün. Lahana dilimlerini ekmeğin çevresine dizin. Kalan 1 yemek kaşığı zeytinyağını lahananın üzerine gezdirin; ezilmiş kırmızı biber serpin. Yaklaşık 40 dakika veya somunun ortasına yerleştirilen anında okunan bir termometre 165°F'yi kaydedene kadar pişirin, üzerine ilave karamelize soğan domates sosu ekleyin ve 20 dakika sonra lahana dilimlerini çevirin. Dilimlemeden önce hindi ekmeğini 5 ila 10 dakika dinlendirin.

4. Hindi ekmeğini lahana dilimleri ve kalan karamelize soğan ketçapıyla birlikte servis edin.

TÜRKIYE POSOLE

EV ÖDEVI:Kızartma 20 dakika: Pişirme 8 dakika: 16 dakika: 4 porsiyon

BU SICAK MEKSİKA USULÜ ÇORBANIN MALZEMELERİBUNLAR GARNİTÜRLERDEN DAHA FAZLASIDIR. KİŞNİŞ KENDİNE ÖZGÜ BIR LEZZET KATIYOR, AVOKADO KREMALILIK KATIYOR VE KIZARTILMIŞ PEPITALAR LEZZETLİ BIR ÇITIRLIK SAĞLIYOR.

8 adet taze domates

1¼ ila 1½ pound öğütülmüş hindi

1 kırmızı dolmalık biber, çekirdekleri çıkarılmış ve ince lokma büyüklüğünde şeritler halinde kesilmiş

½ su bardağı doğranmış soğan (1 orta boy)

6 diş sarımsak (kıyılmış) (1 yemek kaşığı)

1 yemek kaşığı Meksika baharatı (bkz.yemek tarifi)

2 su bardağı tavuk kemik suyu (bkz.yemek tarifi) veya tuz eklenmemiş tavuk suyu

1 14,5 onsluk ateşte kavrulmuş domates, tuz eklenmeden, süzülmemiş

1 jalapeño veya serrano şili, çekirdekleri çıkarılmış ve doğranmış (bkz.eğim)

1 orta boy avokado, ikiye bölünmüş, soyulmuş, çekirdeği çıkarılmış ve ince dilimlenmiş

¼ bardak tuzsuz pepita, kızartılmış (bkz.eğim)

¼ bardak taze kişniş, şeritler halinde kesilmiş

Limon dilimleri

1. Izgarayı önceden ısıtın. Domateslerin kabuklarını çıkarın ve atın. Domatesleri yıkayıp ikiye bölün. Tomatillo yarımlarını kızartma tavasının ısıtılmamış rafına yerleştirin. 8 ila 10 dakika boyunca veya hafifçe kömürleşene kadar ısıdan 4 ila 5 inç kadar kızartın, kavurma işleminin yarısında bir kez çevirin. Tel ızgara üzerinde tavada hafifçe soğumaya bırakın.

2. Bu arada, büyük bir tavada hindiyi, tatlı biberi ve soğanı orta-yüksek ateşte 5 ila 10 dakika veya hindi

kahverengileşip sebzeler yumuşayana kadar tahta bir kaşıkla karıştırarak karışımı parçalayana kadar pişirin. .pişirirken et. Gerekirse yağı boşaltın. Sarımsak ve Meksika baharatını ekleyin. 1 dakika daha pişirip karıştırın.

3. Kömürleşmiş tomatilloların yaklaşık üçte ikisini ve 1 bardak tavuk kemik suyunu bir karıştırıcıda birleştirin. Örtün ve pürüzsüz olana kadar karıştırın. Tavadaki hindi karışımına ekleyin. Geriye kalan 1 su bardağı tavuk kemiği suyunu, süzülmemiş domatesleri ve kırmızı biberi ekleyin. Kalan tomatilloları kabaca doğrayın; Hindi karışımına ekleyin. Kaynatın; ısıyı azaltın. Kapağını kapatıp 10 dakika pişirin.

4. Servis yapmak için çorbayı sığ servis kaselerine koyun. Üstüne avokado, pepitas ve kişniş ekleyin. Çorbanın üzerine sıkmak için limon dilimlerini geçirin.

TAVUK KEMIK SUYU

EV ÖDEVI: 15 dakika kızartma: 30 dakika pişirme: 4 saat soğutma: gece boyunca Yapılışı: yaklaşık 10 bardak

EN TAZE VE EN YÜKSEK LEZZET IÇINBESIN İÇERIĞI: TARIFLERINIZDE EV YAPIMI TAVUK SUYU KULLANIN. (AYRICA TUZ, KORUYUCU VE KATKI MADDESI IÇERMEZ). KEMIKLERI KAYNATMADAN ÖNCE KAVURMAK LEZZETI ARTIRIR. SIVI IÇINDE YAVAŞ YAVAŞ PIŞERKEN KEMIKLER ET SUYUNA KALSIYUM, FOSFOR, MAGNEZYUM VE POTASYUM GIBI MINERALLER KATAR. AŞAĞIDAKI YAVAŞ PIŞIRICI VARYASYONU, YAPIMINI ÖZELLIKLE KOLAYLAŞTIRIR. 2 VE 4 FINCANLIK KAPLARDA DONDURUN VE YALNIZCA IHTIYACINIZ OLDUĞU KADAR BUZUNU ÇÖZÜN.

2 kilo tavuk kanadı ve fileto

4 havuç doğranmış

2 büyük pırasanın yalnızca beyaz ve soluk yeşil kısımları, ince dilimlenmiş

2 sap kereviz yapraklarıyla birlikte, iri kıyılmış

1 yaban havucu, iri kıyılmış

6 büyük dal İtalyan maydanozu (düz yaprak)

6 dal taze kekik

4 diş sarımsak, ikiye bölünmüş

2 çay kaşığı bütün karabiber

2 bütün karanfil

Soğuk su

1. Fırını önceden 425°F'a ısıtın. Tavuk kanatlarını ve bonfileyi büyük bir fırın tepsisine yerleştirin; 30 ila 35 dakika veya güzelce kızarana kadar kızartın.

2. Kızartılmış tavuk parçalarını ve fırın tepsisinde biriken kızarmış parçaları büyük bir tencereye aktarın. Havuç,

pırasa, kereviz, yaban havucu, maydanoz, kekik, sarımsak, karabiber ve karanfil ekleyin. Büyük bir tencereye tavuk ve sebzeleri kaplayacak kadar soğuk su (yaklaşık 12 bardak) ekleyin. Orta ateşte kaynamaya bırakın; Suyu çok yavaş kaynamaya devam edecek ve kabarcıklar sadece yüzeyi kıracak şekilde ısıyı ayarlayın. Kapağını kapatıp 4 saat pişirin.

3. Sıcak et suyunu, iki kat nemli %100 pamuklu tülbentle kaplı büyük bir süzgeçten geçirin. Katıları atın. Et suyunu örtün ve gece boyunca soğutun. Kullanmadan önce et suyunun üstündeki yağ tabakasını çıkarın ve atın.

İpucu: Et suyunu inceltmek için (isteğe bağlı), küçük bir kapta 1 yumurta akı, 1 ezilmiş yumurta kabuğu ve ¼ bardak soğuk suyu birleştirin. Karışımı bir tencerede süzülmüş et suyuna karıştırın. Kaynamaya dönün. Ateşten alın; 5 dakika bekletin. Sıcak et suyunu çift kat serin %100 pamuklu tülbentle kaplı bir süzgeçten geçirin. Kullanmadan önce soğutun ve yağları çıkarın.

Yavaş Pişirici Talimatları: Adım 2 hariç, belirtildiği gibi hazırlayın, malzemeleri 5 ila 6 litrelik yavaş pişiriciye yerleştirin. Örtün ve 12 ila 14 saat pişirin. 3. adımda anlatıldığı gibi devam edin. Yaklaşık 10 bardak elde edilir.

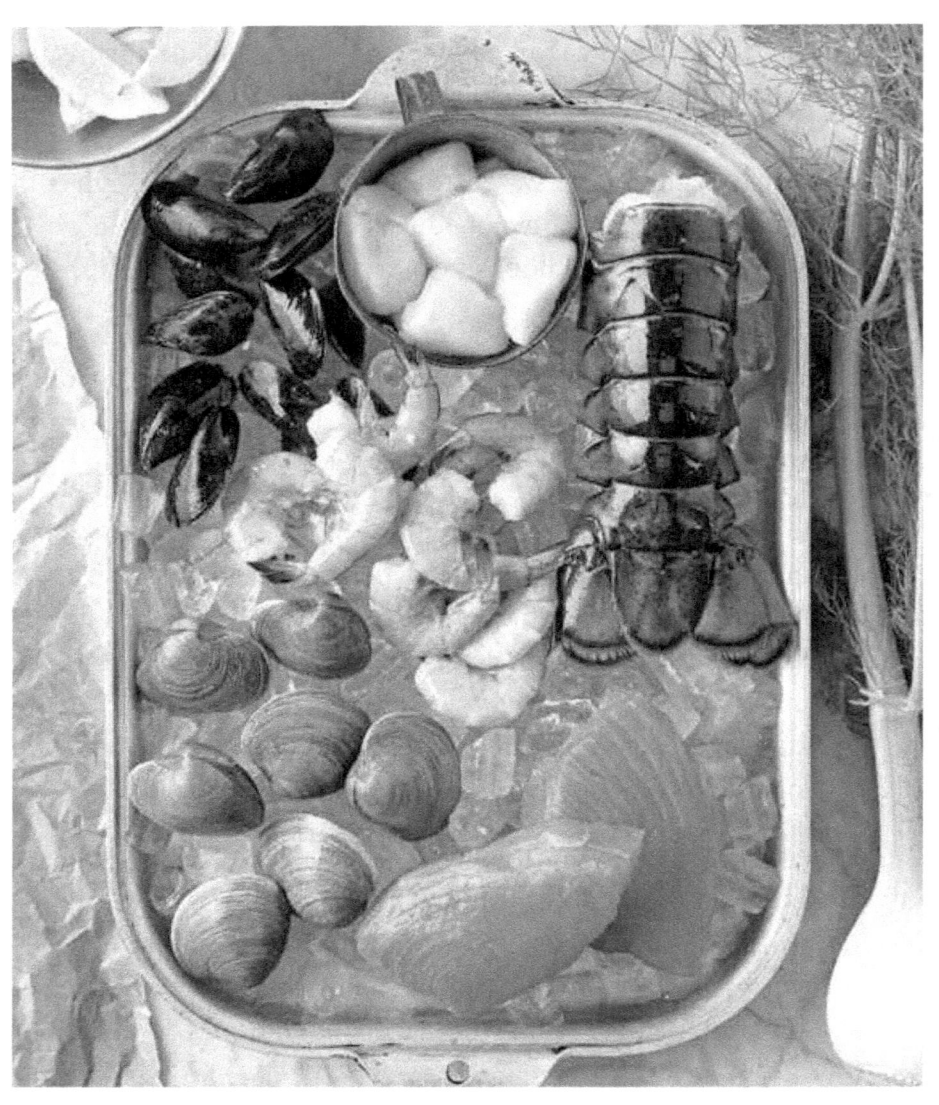

YEŞIL HARISSA SOMONU

EV ÖDEVI:25 dakika pişirme: 10 dakika ızgara: 8 dakika Verim: 4 porsiyon FOTOĞRAF

STANDART BIR SEBZE SOYUCU KULLANILIR.SALATA IÇIN TAZE ÇIĞ KUŞKONMAZI INCE ŞERITLER HALINDE KESMEK. PARLAK NARENCIYE SOSU ILE ATILMIŞ (BKZ.YEMEK TARIFI) VE ÜZERINE KAVRULMUŞ VE DUMANLI AYÇIÇEĞI TOHUMLARI EKLENMIŞ, SOMON VE BAHARATLI YEŞIL BITKI SOSUNA FERAHLATICI BIR EŞLIK EDIYOR.

SOMON
4 adet taze veya dondurulmuş 6 ila 8 onsluk derisiz somon filetosu, yaklaşık 1 inç kalınlığında

Zeytin yağı

HARISSA
1½ çay kaşığı kimyon tohumu

1½ çay kaşığı kişniş tohumu

1 bardak sıkıca paketlenmiş taze maydanoz yaprağı

1 su bardağı iri kıyılmış taze kişniş (yaprakları ve sapları)

2 jalapenos, çekirdekleri çıkarılmış ve iri doğranmış (bkz.eğim)

1 taze soğan, doğranmış

2 diş sarımsak

1 çay kaşığı ince rendelenmiş limon kabuğu

2 yemek kaşığı taze limon suyu

⅓ su bardağı zeytinyağı

BAHARATLI AYÇIÇEĞI TOHUMLARI
⅓ bardak çiğ ayçiçeği çekirdeği

1 çay kaşığı zeytinyağı

1 çay kaşığı füme baharat (bkz.yemek tarifi)

SALATA
12 büyük kuşkonmaz, kesilmiş (yaklaşık 1 pound)

⅓ bardak parlak narenciye sosu (bkz.yemek tarifi)

1. Dondurulmuşsa balığı çözdürün; kağıt havluyla kurulayın. Balıkların her iki tarafını da hafifçe zeytinyağıyla fırçalayın. Bir kenara koyun.

2. Harissa için, küçük bir tavada kimyon tohumlarını ve kişniş tohumlarını orta-düşük ateşte 3 ila 4 dakika veya hafifçe kızarıp kokusu çıkana kadar kızartın. Bir mutfak robotunda kızartılmış kimyon ve kişniş tohumlarını, maydanozu, kişnişi, jalapeno biberini, yeşil soğanı, sarımsağı, limon kabuğunu, limon suyunu ve zeytinyağını birleştirin. Pürüzsüz olana kadar işlem yapın. Bir kenara koyun.

3. Baharatlı ayçiçeği tohumları için fırını önceden 300°F'ye ısıtın.Fırın tepsisini parşömen kağıdıyla kaplayın; bir kenara koyun. Küçük bir kapta ayçiçeği çekirdeğini ve 1 çay kaşığı zeytinyağını birleştirin. Tohumların üzerine füme baharat serpin; ceketine fırlat. Ayçiçeği tohumlarını parşömen kağıdına eşit şekilde yayın. Yaklaşık 10 dakika veya hafifçe kızarana kadar pişirin.

4. Kömürlü veya gazlı ızgara için, somonu doğrudan orta ateşte yağlanmış bir ızgara rafına yerleştirin. Kapağı kapatın ve 8 ila 12 dakika boyunca veya bir çatalla test edildiğinde balık pul pul olmaya başlayıncaya kadar ızgara yapın, ızgara işleminin yarısında bir kez çevirin.

5. Bu arada salata için kuşkonmazı sebze soyucu kullanarak uzun, ince şeritler halinde kesin. Orta boy bir tabağa veya kaseye aktarın. (Sapları inceldikçe uçları kırılacaktır; bunları bir tabağa veya kaseye ekleyin.) Parlak narenciye

sosunu traşlanmış sapların üzerine gezdirin. Tecrübeli ayçiçeği çekirdeği serpin.

6. Servis yapmak için dört tabağın her birine birer fileto yerleştirin; Her filetoya biraz yeşil harissa dökün. Rendelenmiş kuşkonmaz salatası ile servis yapın.

MARINE EDILMIŞ ENGINAR KALBI SALATASI ILE IZGARA SOMON

EV ÖDEVI:20 dakika ızgara: 12 dakika verim: 4 porsiyon

GENELLIKLE SALATA HAZIRLAMAK IÇIN EN IYI ARAÇLARONLAR SENIN ELLERIN. BU SALATAYA BEBEK MARULLARI VE IZGARA ENGINARLARI EŞIT ŞEKILDE DAHIL ETMEK EN IYI ŞEKILDE TEMIZ ELLERLE YAPILIR.

4 6 ons taze veya dondurulmuş somon filetosu
1 9 onsluk paket dondurulmuş enginar kalbi, çözülmüş ve süzülmüş
5 yemek kaşığı zeytinyağı
2 yemek kaşığı kıyılmış arpacık soğanı
1 yemek kaşığı ince rendelenmiş limon kabuğu
¼ bardak taze limon suyu
3 yemek kaşığı şeritler halinde kesilmiş taze kekik
½ çay kaşığı taze çekilmiş karabiber
1 yemek kaşığı Akdeniz baharatı (bkz.yemek tarifi)
1 5 onsluk paket karışık bebek marul

1. Dondurulmuşsa balığı çözdürün. Balıkları durulayın; kağıt havluyla kurulayın. Balıkları bir kenara koyun.

2. Orta boy bir kapta enginar kalplerini 2 yemek kaşığı zeytinyağıyla karıştırın; bir kenara koyun. Büyük bir kapta 2 yemek kaşığı zeytinyağı, arpacık soğanı, limon kabuğu, limon suyu ve kekiği birleştirin; bir kenara koyun.

3. Kömürlü veya gazlı ızgara için enginar kalplerini ızgara sepetine koyun ve doğrudan orta-yüksek ateşte pişirin. Kapağı kapatın ve 6 ila 8 dakika veya kömürleşene ve iyice ısıtılana kadar sık sık karıştırarak ızgara yapın. Enginarları ızgaradan çıkarın. 5 dakika soğumaya bırakın,

ardından enginarları arpacık soğanı karışımına ekleyin. Biberle tatlandırın; ceketine fırlat. Bir kenara koyun.

4. Somonu kalan 1 yemek kaşığı zeytinyağıyla fırçalayın; Akdeniz baharatı serpin. Somonu, baharatlı tarafları aşağı bakacak şekilde, doğrudan orta-yüksek ateşte ızgaraya yerleştirin. Kapağı kapatın ve 6 ila 8 dakika boyunca veya bir çatalla test edildiğinde balık pul pul olmaya başlayıncaya kadar ızgara yapın, ızgara işleminin yarısında bir kez dikkatlice çevirin.

5. Marine edilmiş enginarların bulunduğu kaseye marulları ekleyin; kaplamak için yavaşça fırlatın. Salatayı ızgara somonla servis edin.

ANINDA KAVRULMUŞ ŞILI ADAÇAYI SOMONU, YEŞIL DOMATES SOSLU

EV ÖDEVI: 35 dakika soğuk: 2 ila 4 saat kızartma: 10 dakika Verim: 4 porsiyon

"FLAŞ KAVURMA" TEKNIĞI IFADE EDERKURU BIR KIZARTMA TAVASINI FIRINDA YÜKSEK SICAKLIKTA ISITMAK, BIRAZ YAĞ VE BALIK, TAVUK VEYA ET EKLEMEK (CIZIRIR!) DAHA SONRA YEMEĞI FIRINDA BITIRMEK. HIZLI KAVURMA, PIŞIRME SÜRESINI KISALTIR VE DIŞI LEZZETLI, ÇITIR BIR KABUK, IÇ KISMI ISE SULU, LEZZETLI BIR KABUK OLUŞTURUR.

SOMON

4 taze veya dondurulmuş somon filetosu, 5 ila 6 ons

3 yemek kaşığı zeytinyağı

¼ bardak ince doğranmış soğan

2 diş sarımsak, soyulmuş ve dilimlenmiş

1 yemek kaşığı öğütülmüş kişniş

1 çay kaşığı öğütülmüş kimyon

2 çay kaşığı tatlı kırmızı biber

1 çay kaşığı kurutulmuş kekik, ezilmiş

¼ çay kaşığı acı biber

⅓ bardak taze limon suyu

1 yemek kaşığı taze adaçayı, şeritler halinde kesilmiş

YEŞIL DOMATES SOSU

1½ su bardağı doğranmış sert yeşil domates

⅓ su bardağı ince doğranmış kırmızı soğan

2 yemek kaşığı taze kişniş, şeritler halinde kesilmiş

1 jalapeno, çekirdekleri çıkarılmış ve doğranmış (bkz. eğim)

1 diş sarımsak, kıyılmış

½ çay kaşığı öğütülmüş kimyon

¼ çay kaşığı biber tozu

2 ila 3 yemek kaşığı taze limon suyu

1. Dondurulmuşsa balığı çözdürün. Balıkları durulayın; kağıt havluyla kurulayın. Balıkları bir kenara koyun.

2. Adaçayı ezmesi için küçük bir tencerede 1 yemek kaşığı zeytinyağı, soğan ve sarımsağı birleştirin. 1 ila 2 dakika veya kokusu çıkana kadar pişirin. Kişniş ve kimyonu ekleyin; 1 dakika pişirin ve karıştırın. Kırmızı biber, kekik ve kırmızı biber ekleyin; 1 dakika pişirin ve karıştırın. Limon suyu ve adaçayı ekleyin; yaklaşık 3 dakika veya pürüzsüz bir macun oluşuncaya kadar pişirin ve karıştırın; soğuk.

3. Parmaklarınızı kullanarak filetoların her iki tarafını da adaçayı-biber ezmesiyle kaplayın. Balıkları bir bardağa veya tepkimeye girmeyen bir tabağa koyun; plastik ambalajla sıkıca kapatın. 2 ila 4 saat buzdolabında saklayın.

4. Bu arada sos için orta boy bir kapta domates, soğan, kişniş, jalapeño, sarımsak, kimyon ve kırmızı biber tozunu birleştirin. Harmanlamak için iyice karıştırın. Limon suyunu gezdirin; ceketine fırlat.

4. Plastik bir spatula kullanarak somonun üzerinden mümkün olduğunca fazla macun kazıyın. Makarnayı atın.

5. Fırına ekstra büyük bir dökme demir tava yerleştirin. Fırını 500°F'ye çevirin. Fırını tavayla önceden ısıtın.

6. Sıcak tavayı fırından çıkarın. Tavaya 1 yemek kaşığı zeytinyağı dökün. Tavanın tabanını yağla kaplamak için tavayı eğin. Filetoları derileri alta gelecek şekilde tavaya

yerleştirin. Filetoların üst kısımlarını kalan yemek kaşığı zeytinyağıyla fırçalayın.

7. Somonu yaklaşık 10 dakika veya çatalla test edildiğinde balık pul pul olmaya başlayıncaya kadar ızgarada pişirin. Balıkları sosla servis edin.

LIMON VE FINDIKLI PESTO ILE PAPILLOTE'DE KAVRULMUŞ SOMON VE KUŞKONMAZ

EV ÖDEVI:20 dakika kavurma: 17 dakika verim: 4 porsiyon

"EN PAPILLOTE" PIŞIRMEK BASITÇE KAĞIT ÜZERINDE PIŞIRMEK ANLAMINA GELIR.BIRÇOK NEDENDEN DOLAYI YEMEK PIŞIRMENIN GÜZEL BIR YOLUDUR. BALIKLAR VE SEBZELER PARŞÖMEN PAKETIN IÇINDE BUHARDA PIŞIRILIR, MEYVE SULARI, LEZZET VE BESINLERLE KAPATILIR VE DAHA SONRA YIKANACAK TENCERE VEYA TAVA KALMAZ.

4 6 ons taze veya dondurulmuş somon filetosu

1 su bardağı taze fesleğen yaprağı, hafifçe sıkıştırılmış

1 bardak hafifçe paketlenmiş taze maydanoz yaprağı

½ su bardağı kavrulmuş fındık *

5 yemek kaşığı zeytinyağı

1 çay kaşığı ince rendelenmiş limon kabuğu

2 yemek kaşığı taze limon suyu

1 diş sarımsak, kıyılmış

1 pound ince kuşkonmaz, kesilmiş

4 yemek kaşığı kuru beyaz şarap

1. Donmuşsa somonu çözdürün. Balıkları durulayın; kağıt havluyla kurulayın. Fırını 400°F'ye önceden ısıtın.

2. Pesto için fesleğen, maydanoz, fındık, zeytinyağı, limon kabuğu, limon suyu ve sarımsağı bir blender veya mutfak robotunda birleştirin. Örtün ve pürüzsüz hale gelinceye kadar karıştırın veya işleyin; bir kenara koyun.

3. Parşömen kağıdından dört adet 12 inçlik kare kesin. Her parsel için bir kare parşömenin ortasına bir somon fileto yerleştirin. Üstüne kuşkonmazın dörtte birini ve 2 ila 3 yemek kaşığı pestoyu ekleyin; 1 çorba kaşığı şarapla gezdirin. Parşömen kağıdının iki karşıt tarafını kaldırın ve balığın üzerine birkaç kez katlayın. Parşömenin uçlarını mühürlemek için katlayın. Üç paket daha yapmak için tekrarlayın.

4. 17 ila 19 dakika kadar veya çatalla test edildiğinde balık pul pul olmaya başlayana kadar kızartın (pişip pişmediğini kontrol etmek için paketi dikkatlice açın).

*İpucu: Fındıkları kızartmak için fırını önceden 350°F'ye ısıtın. Sığ bir pişirme kabına fındıkları tek kat halinde yayın. Eşit şekilde kızartmak için bir kez karıştırarak 8 ila 10 dakika veya hafifçe kızarıncaya kadar pişirin. Fındıkları hafifçe soğutun. Sıcak fındıkları temiz bir mutfak havlusunun üzerine koyun; Gevşek cildi çıkarmak için havluyla ovalayın.

MANTAR VE ELMA SOSLU BAHARATLI SOMON

BITIRMEK IÇIN BAŞLA:40 dakikada verim: 4 porsiyon

BÜTÜN BU SOMON FILETOÜSTÜNE SOTELENMIŞ MANTAR, ARPACIK SOĞANI, KIRMIZI KABUKLU ELMA DILIMLERI KARIŞIMI VE PARLAK YEŞIL ISPANAK YATAĞINDA SERVIS EDILEN BU YEMEK, MISAFIRLERE SERVIS ETMEK IÇIN MUHTEŞEM BIR YEMEKTIR.

1 1½ pound taze veya dondurulmuş bütün somon fileto, derili

1 çay kaşığı rezene tohumu, ince öğütülmüş*

½ çay kaşığı kurutulmuş adaçayı, ezilmiş

½ çay kaşığı öğütülmüş kişniş

¼ çay kaşığı kuru hardal

¼ çay kaşığı karabiber

2 yemek kaşığı zeytinyağı

1½ bardak taze cremini mantarı, dörde bölünmüş

1 orta boy arpacık soğan, çok ince dilimlenmiş

1 küçük pişirme elması, dörde bölünmüş, çekirdeği çıkarılmış ve ince dilimlenmiş

¼ bardak sek beyaz şarap

4 su bardağı taze ıspanak

Küçük dal taze adaçayı (isteğe bağlı)

1. Donmuşsa somonu çözdürün. Fırını önceden 425°F'ye ısıtın. Büyük bir fırın tepsisini parşömen kağıdıyla kaplayın; bir kenara koyun. Balıkları durulayın; kağıt havluyla kurulayın. Hazırlanan fırın tepsisine somonu derisi aşağı bakacak şekilde yerleştirin. Küçük bir kapta rezene tohumlarını, ½ çay kaşığı kurutulmuş adaçayı, kişniş, hardal ve biberi birleştirin. Somonun üzerine eşit şekilde serpin; parmaklarınızla ovalayın.

2. Balığın kalınlığını ölçün. Somonu ½ inç kalınlık başına 4 ila 6 dakika veya çatalla test edildiğinde balık pul pul olmaya başlayana kadar ızgarada pişirin.

3. Bu arada tava sosu için büyük bir tavada zeytinyağını orta ateşte ısıtın. Mantar ve arpacık soğanı ekleyin; 6 ila 8 dakika veya mantarlar yumuşayana ve ara sıra karıştırarak kahverengileşmeye başlayana kadar pişirin. Elma ekleyin; kapağını kapatıp pişirin ve 4 dakika daha karıştırın. Şarabı dikkatlice ekleyin. Kapağı açık olarak 2 ila 3 dakika veya elma dilimleri yumuşayana kadar pişirin. Oluklu bir kaşık kullanarak mantar karışımını orta boy bir kaseye aktarın; sıcak tutmak için örtün.

4. Aynı tavada ıspanağı 1 dakika veya ıspanak yumuşayana kadar sürekli karıştırarak pişirin. Ispanakları dört servis tabağına paylaştırın. Somon filetoyu derisine kadar keserek ancak derinden kesmeden dört eşit parçaya bölün. Somon kısımlarını deriden çıkarmak için büyük bir spatula kullanın; Her tabağa bir porsiyon somonu ıspanağın üzerine koyun. Mantar karışımını somonun üzerine eşit şekilde dökün. İstenirse taze adaçayı ile süslenebilir.

*İpucu: Rezene tohumlarını ince bir şekilde öğütmek için havan, havan tokmağı ve baharat öğütücü kullanın.

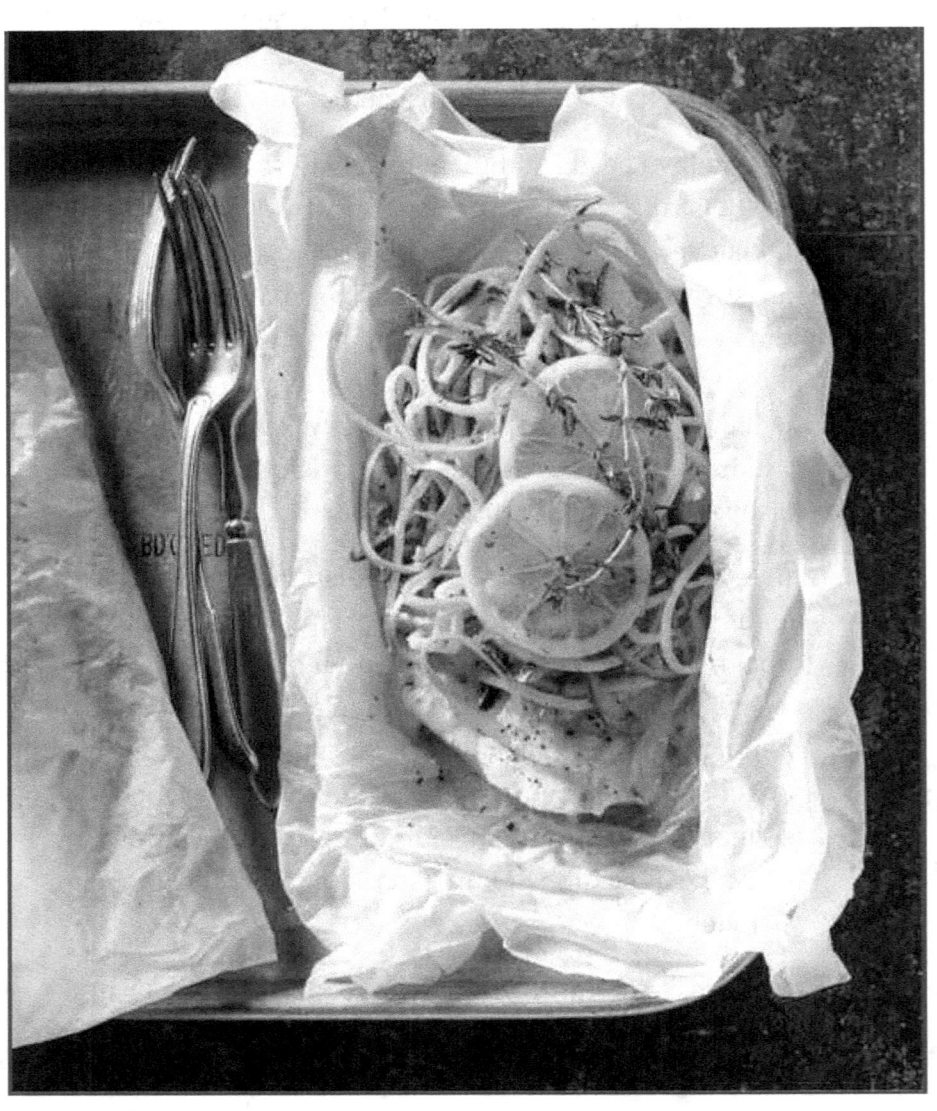

JULIAN SEBZELI PAPILLOTE DILEĞI

EV ÖDEVI:30 dakika pişirme süresi: 12 dakika Verim: 4 porsiyon FOTOĞRAF

KESINLIKLE SEBZELERI JÜLYEN YAPABILIRSINIZİYI VE KESKIN BIR ŞEF BIÇAĞIYLA YAPILABILIR AMA ZAMAN ALICIDIR. JULIENNE SOYUCU (BKZ."TEÇHIZAT") UZUN, INCE, EŞIT ŞEKILLI SEBZE ŞERITLERI OLUŞTURMANIN HIZLI ÇALIŞMASINI SAĞLAR.

4 fileto dil balığı, pisi balığı veya diğer sert beyaz balık filetosu, taze veya dondurulmuş

1 adet jülyen şeklinde doğranmış kabak

1 büyük havuç, jülyen şeritler halinde kesilmiş

½ kırmızı soğan, jülyen doğranmış

2 roma domates, çekirdekleri çıkarılmış ve ince doğranmış

2 diş sarımsak, kıyılmış

1 yemek kaşığı zeytinyağı

½ çay kaşığı karabiber

1 limon, 8 ince dilime kesilmiş, çekirdekleri çıkarılmış

8 dal taze kekik

4 çay kaşığı zeytinyağı

¼ bardak sek beyaz şarap

1. Dondurulmuşsa balığı çözdürün. Fırını önceden 375°F'ye ısıtın. Büyük bir kapta kabak, havuç, soğan, domates ve sarımsağı birleştirin. 1 yemek kaşığı zeytinyağı ve ¼ çay kaşığı biber ekleyin; birleştirmek için iyice karıştırın. Sebzeleri bir kenara koyun.

2. Parşömen kağıdından dört adet 14 inç kare kesin. Balıkları durulayın; kağıt havluyla kurulayın. Her karenin ortasına bir fileto yerleştirin. Kalan ¼ çay kaşığı biberi serpin. Yeşillikleri, limon dilimlerini ve kekik dallarını filetoların

üzerine eşit şekilde paylaştırın. Her yığına 1 çay kaşığı zeytinyağı ve 1 yemek kaşığı beyaz şarap gezdirin.

3. Her seferinde bir paketle çalışarak, parşömen kağıdının karşılıklı iki tarafını kaldırın ve balığın üzerine birkaç kez katlayın. Parşömenin uçlarını mühürlemek için katlayın.

4. Paketleri büyük bir fırın tepsisine yerleştirin. Yaklaşık 12 dakika veya çatalla test edildiğinde balık pul pul olmaya başlayana kadar pişirin (pişip pişmediğini kontrol etmek için paketi dikkatlice açın).

5. Servis yapmak için her paketi bir tabağa koyun; Paketleri dikkatlice açın.

FÜME LIMON KREMALI ROKA PESTO TACOS

EV ÖDEVI: 30 dakikalık ızgara: ½ inç kalınlık başına 4 ila 6 dakika Verim: 6 porsiyon

TABANI MORINA ILE DEĞIŞTIREBILIRSINIZ—SADECE TILAPIA DEĞIL. TILAPIA NE YAZIK KI BALIK IÇIN EN KÖTÜ SEÇENEKLERDEN BIRI. NEREDEYSE EVRENSEL OLARAK ÇIFTLIKLERDE YETIŞTIRILIYOR VE ÇOĞU ZAMAN KORKUNÇ KOŞULLAR ALTINDA, BU NEDENLE TILAPIA NEREDEYSE HER YERDE BULUNSA DA BUNDAN KAÇINILMALIDIR.

4 taze veya dondurulmuş pisi balığı filetosu, 4 ila 5 ons, yaklaşık ½ inç kalınlığında

Roka Pesto için 1 tarif (bkz.yemek tarifi)

½ fincan kaju kreması (bkz.yemek tarifi)

1 çay kaşığı füme baharat (bkz.yemek tarifi)

½ çay kaşığı ince rendelenmiş limon kabuğu

12 adet tereyağlı marul yaprağı

1 olgun avokado, yarıya bölünmüş, çekirdeği çıkarılmış, soyulmuş ve ince dilimlenmiş

1 su bardağı doğranmış domates

¼ bardak taze kişniş, şeritler halinde kesilmiş

1 limon, dilimler halinde kesilmiş

1. Dondurulmuşsa balığı çözdürün. Balıkları durulayın; kağıt havluyla kurulayın. Balıkları bir kenara koyun.

2. Balığın her iki tarafına da biraz Roka Pesto sürün.

3. Kömürlü veya gazlı ızgara için balıkları doğrudan orta ateşte yağlanmış bir ızgaraya yerleştirin. Kapağı kapatın ve 4 ila 6 dakika boyunca veya bir çatalla test edildiğinde balık pul pul olmaya başlayıncaya kadar ızgara yapın, ızgara işleminin yarısında bir kez çevirin.

4. Bu arada, füme limon kreması için, küçük bir kapta kaju kremasını, füme baharatı ve limon kabuğu rendesini birlikte çırpın.

5. Bir çatal kullanarak balığı parçalara ayırın. Tereyağ tabakalarını balık, avokado dilimleri ve domatesle doldurun; kişniş serpin. Tacoları füme limon kremasıyla gezdirin. Tacoların üzerine sıkmak için limon dilimleri ile servis yapın.

BAHARATLI MANGO VE FESLEĞEN SOSLU IZGARA MORINA VE KABAK PAKETLERI

EV ÖDEVI:20 dakika ızgara: 6 dakika verim: 4 porsiyon

1 ila 1½ pound taze veya dondurulmuş morina, ½ ila 1 inç kalınlığında
4 adet 24 inç uzunluğunda, 12 inç genişliğinde alüminyum folyo
1 orta boy kabak, jülyen kesilmiş
Limon Otu Baharatı (bkz.yemek tarifi)
¼ fincan Chipotle Paleo Mayo (bkz.yemek tarifi)
1 ila 2 yemek kaşığı püre haline getirilmiş olgun mango *
1 yemek kaşığı taze limon veya limon suyu veya pirinç şarabı sirkesi
2 yemek kaşığı doğranmış taze fesleğen

1. Dondurulmuşsa balığı çözdürün. Balıkları durulayın; kağıt havluyla kurulayın. Balıkları dört parçaya bölün.

2. Çift kalınlıkta 12 inçlik bir kare oluşturmak için her bir alüminyum folyo parçasını ikiye katlayın. Bir parça balığı alüminyum folyo karesinin ortasına yerleştirin. Kabağın dörtte birini üstüne koyun. Limon otu baharatını serpin. Alüminyum folyonun karşılıklı iki tarafını kaldırın ve kabak ve balığın üzerine birkaç kez katlayın. Alüminyum folyonun uçlarını katlayın. Üç paket daha yapmak için tekrarlayın. Salsa için küçük bir kapta Chipotle Paleo Mayo, mango, limon suyu ve fesleğeni karıştırın; bir kenara koyun.

3. Kömürlü ızgara veya gazlı ızgara için, paketleri doğrudan orta ateşte yağlanmış ızgara ızgarasının üzerine yerleştirin. Kapağı kapatın ve 6 ila 9 dakika boyunca veya bir çatalla test edildiğinde balık pul pul olmaya

başlayıncaya ve kabaklar gevrekleşinceye kadar ızgara yapın (pişip pişmediğini test etmek için paketi dikkatlice açın). Izgara yaparken paketleri ters çevirmeyin. Her porsiyonu sosla doldurun.

*İpucu: Mango püresi için ¼ bardak doğranmış mango ve 1 yemek kaşığı suyu bir blenderde karıştırın. Örtün ve pürüzsüz olana kadar karıştırın. Artık püre haline getirilmiş mangoyu bir smoothie'ye ekleyin.

PESTO DOLDURULMUŞ DOMATESLI RIESLING HAŞLANMIŞ MORINA

EV ÖDEVI:30 dakika pişirme: 10 dakika verim: 4 porsiyon

1 ila 1½ pound taze veya dondurulmuş morina filetosu, yaklaşık 1 inç kalınlığında
4 roma domates
3 yemek kaşığı Fesleğen Pesto (bkz.yemek tarifi)
¼ çay kaşığı öğütülmüş karabiber
1 su bardağı kuru Riesling veya Sauvignon Blanc
1 dal taze kekik veya ½ çay kaşığı kurutulmuş kekik (ezilmiş)
1 defne yaprağı
½ bardak su
2 yemek kaşığı kıyılmış frenk soğanı
Limon dilimleri

1. Dondurulmuşsa balığı çözdürün. Domatesleri yatay olarak ikiye bölün. Tohumları ve posanın bir kısmını çıkarın. (Domatesin priz alması gerekiyorsa, alt kısmında delik açmamaya dikkat ederek ucundan çok ince bir dilim kesin.) Her domates yarısına biraz pesto koyun; öğütülmüş biber serpin; bir kenara koyun.

2. Balığı durulayın; kağıt havluyla kurulayın. Balıkları dört parçaya bölün. Sıkı oturan kapaklı büyük bir tavaya buharlı pişirme sepeti yerleştirin. Tavaya yaklaşık ½ inç su ekleyin. Kaynatın; ısıyı orta seviyeye düşürün. Domatesleri kesilmiş tarafı yukarı bakacak şekilde sepete ekleyin. Kapağı kapatın ve 2 ila 3 dakika veya tamamen ısıtılıncaya kadar buharlayın.

3. Domatesleri bir tabağa koyun; sıcak tutmak için örtün. Buharlı pişirici sepetini tavadan çıkarın; suyu atın. Tavaya şarap, kekik, defne yaprağı ve ½ bardak su ekleyin.

Kaynatın; Isıyı orta-düşük seviyeye düşürün. Balıkları ve taze soğanı ekleyin. Kapağı kapalı olarak 8 ila 10 dakika veya çatalla test edildiğinde balık pul pul olmaya başlayana kadar pişirin.

4. Balığa bir miktar haşlama sıvısı püskürtün. Balıkları pesto dolgulu domates ve limon dilimleri ile servis edin.

TATLI PATATES PÜRESI ÜZERINDE FISTIK VE KIŞNIŞ KABUKLU IZGARA MORINA BALIĞI

EV ÖDEVI:20 dakika pişirme: 10 dakika kızartma: ½ inç kalınlık başına 4 ila 6 dakika
Verim: 4 porsiyon

- 1 ila 1½ pound taze veya dondurulmuş morina
- Zeytinyağı veya rafine edilmiş hindistancevizi yağı
- 2 yemek kaşığı toz fıstık, ceviz veya badem
- 1 yumurta beyazı
- ½ çay kaşığı ince rendelenmiş limon kabuğu
- 1½ pound tatlı patates, soyulmuş ve parçalar halinde kesilmiş
- 2 diş sarımsak
- 1 yemek kaşığı hindistancevizi yağı
- 1 yemek kaşığı rendelenmiş taze zencefil
- ½ çay kaşığı öğütülmüş kimyon
- ¼ bardak hindistan cevizi sütü (Nature's Way gibi)
- 4 çay kaşığı kişniş pesto veya fesleğen pesto (bkz.yemek tarifleri)

1. Dondurulmuşsa balığı çözdürün. Broyleri önceden ısıtın. Bir kızartma tavasının yağ ızgarası. Küçük bir kapta öğütülmüş ceviz, yumurta akı ve limon kabuğunu birleştirin; bir kenara koyun.

2. Tatlı patates püresi için, orta boy bir tencerede, tatlı patatesleri ve sarımsakları üzerini kaplayacak kadar kaynar suda 10 ila 15 dakika veya yumuşayana kadar pişirin. Tahliye etmek; Tatlı patatesleri ve sarımsakları tencereye geri koyun. Patates ezici kullanarak tatlı patatesleri ezin. Hindistancevizi yağı, zencefil ve kimyonun her birine 1 çorba kaşığı ekleyin. Hafif ve kabarık olana kadar hindistan cevizi sütü ile karıştırın.

3. Balığı durulayın; kağıt havluyla kurulayın. Balıkları dört parçaya bölün ve bir kızartma tavasının önceden ısıtılmamış rafına yerleştirin. İnce kenarların altına sıkıştırın. Her parçayı Kişniş Pesto ile yayın. Fındık karışımını pestonun üzerine dökün ve yavaşça yayın. Balıkları, ½ inç kalınlık başına 4 ila 6 dakika boyunca sıcaktan 4 inç uzakta veya bir çatalla test edildiğinde balık pul pul olmaya başlayana kadar ızgara yapın, kaplama yanmaya başlarsa ızgara sırasında alüminyum folyo ile kaplayın. Balıkları tatlı patatesle servis edin.

KAVRULMUŞ BROKOLI ILE BIBERIYE VE MANDALINA ILE MORINA

EV ÖDEVI:15 dakika Marine etme: 30 dakikaya kadar Pişirme: 12 dakika Verim: 4 porsiyon

1 ila 1½ pound taze veya dondurulmuş morina
1 çay kaşığı ince rendelenmiş mandalina kabuğu
½ bardak taze mandalina veya portakal suyu
4 yemek kaşığı zeytinyağı
2 çay kaşığı taze biberiye, şeritler halinde kesilmiş
¼ ila ½ çay kaşığı öğütülmüş karabiber
1 çay kaşığı ince rendelenmiş mandalina kabuğu
3 su bardağı brokoli çiçeği
¼ çay kaşığı ezilmiş kırmızı biber
Mandalina dilimleri, çekirdekleri çıkarılmış

1. Fırını önceden 450°F'a ısıtın. Dondurulmuşsa balıkları çözün. Balıkları durulayın; kağıt havluyla kurulayın. Balıkları dört parçaya bölün. Balığın kalınlığını ölçün. Sığ bir tabakta mandalina kabuğunu, mandalina suyunu, 2 yemek kaşığı zeytinyağını, biberiyeyi ve karabiberi birleştirin; balık ekleyin. Kapağı kapatın ve buzdolabında 30 dakikaya kadar marine edin.

2. Büyük bir kapta brokoliyi, kalan 2 yemek kaşığı zeytinyağı ve ezilmiş kırmızı biberle birlikte atın. 2 litrelik bir pişirme kabına yerleştirin.

3. Sığ bir fırın tepsisini hafifçe ilave zeytinyağıyla kaplayın. Balıkları boşaltın, turşuyu saklayın. Balıkları ince kenarların altına sıkıştırarak tavaya yerleştirin. Balıkları ve brokolileri fırına koyun. Brokolileri 12 ila 15 dakika veya gevrekleşinceye kadar pişirin, pişirme işleminin

yarısında bir kez karıştırın. Balıkları, balığın ½ inç kalınlığı başına 4 ila 6 dakika veya çatalla test edildiğinde balık pul pul olmaya başlayana kadar pişirin.

4. Küçük bir tencerede ayrılmış turşuyu kaynatın; 2 dakika pişirin. Pişen balığın üzerine marine sosunu gezdirin. Balıkları brokoli ve mandalina dilimleri ile servis edin.

TURŞU TURŞU ILE KÖRILI MORINA MARUL SARMALARI

EV ÖDEVI:20 dakika dinlenme: 20 dakika pişirme: 6 dakika Verim: 4 porsiyon FOTOĞRAF

- 1 pound taze veya dondurulmuş morina filetosu
- 6 turp, iri rendelenmiş
- 6 ila 7 yemek kaşığı elma sirkesi
- ½ çay kaşığı ezilmiş kırmızı biber
- 2 yemek kaşığı rafine edilmemiş hindistancevizi yağı
- ¼ bardak badem ezmesi
- 1 diş sarımsak, kıyılmış
- 2 çay kaşığı ince rendelenmiş zencefil
- 2 yemek kaşığı zeytinyağı
- 1½ ila 2 çay kaşığı tuz ilavesiz köri tozu
- 4 ila 8 tereyağlı marul yaprağı veya marul yaprağı
- 1 kırmızı biber, jülyen şeritler halinde kesilmiş
- 2 yemek kaşığı taze kişniş, şeritler halinde kesilmiş

1. Dondurulmuşsa balığı çözdürün. Orta boy bir kapta turpları, 4 yemek kaşığı sirkeyi ve ¼ çay kaşığı ezilmiş kırmızı biberi birleştirin; ara sıra karıştırarak 20 dakika bekletin.

2. Badem ezmesi sosu için hindistancevizi yağını küçük bir tencerede kısık ateşte eritin. Badem ezmesini pürüzsüz hale gelinceye kadar çırpın. Sarımsak, zencefil ve kalan ¼ çay kaşığı ezilmiş kırmızı biberi ekleyin. Ateşten alın. Kalan 2 ila 3 yemek kaşığı elma sirkesini ekleyin ve pürüzsüz hale gelinceye kadar karıştırın; bir kenara koyun. (Sirke eklenince sos biraz koyulaşacaktır.)

3. Balığı durulayın; kağıt havluyla kurulayın. Büyük bir tavada zeytinyağını ve köri tozunu orta ateşte ısıtın. Balık ekleyin; 3 ila 6 dakika veya balık çatalla test edildiğinde

pul pul olmaya başlayana kadar pişirin, pişirme süresinin yarısında bir kez çevirin. Balıkları iki çatal kullanarak irice doğrayın.

4. Turpları boşaltın; turşuyu atın. Her marul yaprağının üzerine biraz balık, tatlı biber şeritleri, turp karışımı ve bademli tereyağı sosu dökün. Kişniş serpin. Sayfayı dolgunun etrafına sarın. İstenirse ambalajları tahta kürdanlarla sabitleyin.

LIMON VE REZENE ILE KAVRULMUŞ MEZGIT BALIĞI

EV ÖDEVI:25 dakika kavurma: 50 dakika verim: 4 porsiyon

MEZGIT BALIĞI, MEZGIT BALIĞI VE MORINA BALIĞIHAFIF BIR TADA SAHIP SERT BEYAZ HAMUR. BUNLAR, OTLAR VE ŞARAPLA PIŞIRILEN BU BASIT BALIK VE SEBZE YEMEĞI DE DAHIL OLMAK ÜZERE ÇOĞU TARIFTE DEĞIŞTIRILEBILIR.

- 4 6 ons taze veya dondurulmuş mezgit balığı, mezgit balığı veya morina filetosu, yaklaşık ½ inç kalınlığında
- 1 büyük rezene soğanı, çekirdeği çıkarılmış ve dilimlenmiş, yaprakları ayrılmış ve doğranmış
- 4 orta boy havuç, dikey olarak ikiye bölünmüş ve 2 ila 3 inç uzunluğunda parçalar halinde dilimlenmiş
- 1 kırmızı soğan, yarıya bölünmüş ve dilimlenmiş
- 2 diş sarımsak, kıyılmış
- 1 limon ince dilimlenmiş
- 3 yemek kaşığı zeytinyağı
- ½ çay kaşığı karabiber
- ¾ bardak sek beyaz şarap
- 2 yemek kaşığı ince kıyılmış taze maydanoz
- 2 yemek kaşığı doğranmış taze rezene yaprakları
- 2 çay kaşığı ince rendelenmiş limon kabuğu

1. Dondurulmuşsa balığı çözdürün. Fırını önceden 400°F'ye ısıtın. 3 litrelik dikdörtgen bir pişirme kabında rezene, havuç, soğan, sarımsak ve limon dilimlerini birleştirin. Üzerine 2 yemek kaşığı zeytinyağı gezdirin ve ¼ çay kaşığı biber serpin; ceketine fırlat. Şarabı bir tabağa dökün. Plakayı alüminyum folyo ile örtün.

2. 20 dakika kızartın. Keşfetmek; sebze karışımına karıştırın. 15 ila 20 dakika daha veya sebzeler gevrekleşinceye kadar kızartın. Sebze karışımını karıştırın. Balıkların üzerine kalan ¼ çay kaşığı biber serpin; Balıkları sebze karışımının üzerine yerleştirin. Kalan yemek kaşığı zeytinyağını gezdirin. 8 ila 10 dakika kadar veya çatalla test edildiğinde balık pul pul olmaya başlayana kadar kızartın.

3. Küçük bir kapta maydanozu, rezene yapraklarını ve limon kabuğunu birleştirin. Servis yapmak için balık ve sebze karışımını servis tabaklarına paylaştırın. Balık ve sebzelerin üzerine tava sularını dökün. Maydanoz karışımı serpin.

REMOULADE VE CAJUN TARZI BAMYA VE DOMATESLI CEVIZ KABUKLU LEVREK

EV ÖDEVI:1 saat pişirme: 10 dakika pişirme: 8 dakika Verim: 4 porsiyon

BU BALIK YEMEĞI ARKADAŞLIĞA LAYIKHAZIRLANMASI BIRAZ ZAMAN ALIYOR AMA ZENGIN LEZZETLERI BUNA DEĞER. KIYILMIŞ KIRMIZI BIBER, YEŞIL SOĞAN VE MAYDANOZLA YAPILAN, CAJUN-LIMONLU HARDAL SOSLU MAYONEZ BAZLI SOS REMOULADE, BIR GÜN ÖNCEDEN HAZIRLANIP SOĞUTULABILIR.

- 4 yemek kaşığı zeytinyağı
- ½ su bardağı ince kıyılmış ceviz
- 2 yemek kaşığı kıyılmış taze maydanoz
- 1 yemek kaşığı doğranmış taze kekik
- 2 adet 8 onsluk kırmızı balığı filetosu, ½ inç kalınlığında
- 4 çay kaşığı Cajun baharatı (bkz.yemek tarifi)
- ½ su bardağı doğranmış soğan
- ½ su bardağı doğranmış yeşil biber
- ½ bardak doğranmış kereviz
- 1 yemek kaşığı kıyılmış sarımsak
- 1 pound taze bamya kabuğu, 1 inç kalınlığında dilimler halinde kesilmiş (veya taze kuşkonmaz, 1 inç parçalar halinde kesilmiş)
- 8 ons kiraz veya üzüm domates, ikiye bölünmüş
- 2 çay kaşığı doğranmış taze kekik
- Karabiber
- Rémoulade (sağdaki tarife bakın)

1. Orta boy bir tavada 1 yemek kaşığı zeytinyağını orta ateşte ısıtın. Fıstıkları ekleyin ve sık sık karıştırarak yaklaşık 5 dakika veya altın rengi ve hoş kokulu olana kadar kızartın.

Fındıkları küçük bir kaseye aktarın ve soğumaya bırakın. Maydanoz ve kekiği ekleyip bir kenara koyun.

2. Fırını önceden 400°F'a ısıtın. Bir fırın tepsisini parşömen kağıdı veya alüminyum folyo ile kaplayın. Snapper filetolarını deri tarafı aşağı bakacak şekilde fırın tepsisine yerleştirin ve her birine 1 çay kaşığı Cajun baharatı serpin. Bir hamur fırçası kullanarak filetoların üzerine 2 yemek kaşığı zeytinyağı sürün. Fındık karışımını filetolar arasında eşit olarak bölün ve fındıkları balığın yüzeyine hafifçe bastırarak yapışmasını sağlayın. Mümkünse balık filetosunun açıkta kalan tüm bölgelerini fındıkla kaplayın. Balıkları 8 ila 10 dakika kadar veya bıçağın ucuyla kolayca pul pul dökülene kadar pişirin.

3. Geriye kalan 1 yemek kaşığı zeytinyağını büyük bir tavada orta-yüksek ateşte ısıtın. Soğanı, tatlı biberi, kerevizi ve sarımsağı ekleyin. 5 dakika veya sebzeler gevrekleşinceye kadar pişirin ve karıştırın. Dilimlenmiş bamyayı (veya kullanıyorsanız kuşkonmazı) ve domatesleri ekleyin; 5 ila 7 dakika veya bamya gevrekleşinceye ve domatesler bölünmeye başlayana kadar pişirin. Ateşten alıp kekik ve karabiberle tatlandırın. Sebzeleri snapper ve Rémoulade ile servis edin.

Remoulade: Bir mutfak robotunda, ½ su bardağı doğranmış kırmızı biberi, ¼ su bardağı doğranmış yeşil soğanı ve 2 yemek kaşığı doğranmış taze maydanozu ince oluncaya kadar çekin. ¼ bardak Paleo Mayo ekleyin (bkz._yemek tarifi), ¼ fincan Dijon usulü hardal (bkz._yemek tarifi), 1½ çay kaşığı limon suyu ve ¼ çay kaşığı Cajun baharatı (bkz._yemek tarifi). Birleşene kadar nabız atın. Servis kasesine aktarın ve servise hazır olana kadar buzdolabında saklayın. (Remoulade 1 gün önceden yapılıp soğutulabilir.)

AVOKADO VE LIMON AIOLI ILE TARHUNLU TUNA EMPANADAS

EV ÖDEVI:25 dakika pişirme: 6 dakika verim: 4 porsiyon<u>FOTOĞRAF</u>

SOMONLA BIRLIKTE TON BALIĞI DA BIRINCE DOĞRANIP HAMBURGER HALINE GETIRILEBILEN ENDER BALIK TÜRLERINDEN. TON BALIĞINI MUTFAK ROBOTUNDA FAZLA IŞLEMEMEYE DIKKAT EDIN; AŞIRI IŞLEM ONU SERTLEŞTIRIR.

1 pound taze veya dondurulmuş derisiz ton balığı filetosu

1 yumurta beyazı, hafifçe çırpılmış

¾ bardak öğütülmüş altın keten tohumu küspesi

1 yemek kaşığı taze tarhun veya dereotu, şeritler halinde kesilmiş

2 yemek kaşığı taze frenk soğanı, şeritler halinde kesilmiş

1 çay kaşığı ince rendelenmiş limon kabuğu

2 yemek kaşığı keten tohumu yağı, avokado yağı veya zeytinyağı

1 orta boy avokado, çekirdeği çıkarılmış

3 yemek kaşığı Paleo Mayo (bkz.<u>yemek tarifi</u>)

1 çay kaşığı ince rendelenmiş limon kabuğu

2 çay kaşığı taze limon suyu

1 diş sarımsak, kıyılmış

4 ons bebek ıspanak (yaklaşık 4 bardak sıkıca paketlenmiş)

⅓ fincan kavrulmuş sarımsaklı sos (bkz.<u>yemek tarifi</u>)

1 Granny Smith elması, çekirdeği çıkarılmış ve kibrit çöpü büyüklüğünde parçalar halinde kesilmiş

¼ bardak kıyılmış kavrulmuş ceviz (bkz.<u>eğim</u>)

1. Dondurulmuşsa balığı çözdürün. Balıkları durulayın; kağıt havluyla kurulayın. Balıkları 1½ inçlik parçalar halinde kesin. Balıkları bir mutfak robotuna yerleştirin; İnce doğranana kadar baklagillerle açık/kapalı işlem yapın. (Fazla işlem yapmamaya dikkat edin yoksa burger sertleşir.) Balıkları bir kenara koyun.

2. Orta boy bir kapta yumurta beyazını, ¼ fincan keten tohumu küspesini, tarhun, frenk soğanı ve limon kabuğunu birleştirin. Balık ekleyin; birleştirmek için yavaşça karıştırın. Balık karışımını dört adet ½ inç kalınlığında köfte haline getirin.

3. Geriye kalan ½ fincan keten tohumu küspesini sığ bir tabağa koyun. Burgerleri keten tohumu karışımına batırın ve eşit şekilde kaplayacak şekilde çevirin.

4. Ekstra büyük bir tavada yağı orta ateşte ısıtın. Ton balıklı burgerleri sıcak yağda 6 ila 8 dakika boyunca veya anında okunan bir termometre burger kayıtlarına yatay olarak yerleştirilene kadar 160°F, pişirme süresinin yarısında bir kez döndürünceye kadar pişirin.

5. Bu arada, aioli için orta boy bir kapta avokadoyu çatal kullanarak ezin. Paleo Mayo, limon kabuğu rendesi, limon suyu ve sarımsağı ekleyin. İyice karışana ve neredeyse pürüzsüz hale gelinceye kadar karıştırın.

6. Ispanağı orta boy bir kaseye yerleştirin. Ispanağı kavrulmuş sarımsaklı sosla gezdirin; ceketine fırlat. Her porsiyon için bir ton balıklı burgeri ve ıspanağın dörtte birini servis tabağına koyun. Ton balığının üzerine biraz aioli ekleyin. Ispanakları elma ve cevizle doldurun. Derhal servis yapın.

ÇIZGILI BAS TAGINE

EV ÖDEVI:50 dakika soğutma: 1 ila 2 saat pişirme: 22 dakika pişirme: 25 dakika Verim: 4 porsiyon

BIR TAGIN ADIDIRHEM BIR TÜR KUZEY AFRIKA YEMEĞI (BIR TÜR GÜVEÇ) HEM DE IÇINDE PIŞIRILDIĞI KÜLAH ŞEKLINDEKI TENCERE. EĞER ELINIZDE YOKSA, KAPALI, FIRINA DAYANIKLI BIR TAVA IYI SONUÇ VERIR. CHERMOULA, ÇOĞUNLUKLA BALIKLAR IÇIN MARINE OLARAK KULLANILAN, KUZEY AFRIKA BITKILERINDEN OLUŞAN KALIN BIR MACUNDUR. BU RENKLI BALIK YEMEĞINI TATLI PATATES PÜRESI VEYA KARNABAHAR ILE SERVIS EDIN.

4 6 ons taze veya dondurulmuş çizgili levrek veya halibut filetosu, derisi açık

1 demet kıyılmış kişniş

1 çay kaşığı ince rendelenmiş limon kabuğu (rezerv)

¼ bardak taze limon suyu

4 yemek kaşığı zeytinyağı

5 diş sarımsak, kıyılmış

4 çay kaşığı öğütülmüş kimyon

2 çay kaşığı tatlı kırmızı biber

1 çay kaşığı öğütülmüş kişniş

¼ çay kaşığı öğütülmüş anason

1 büyük soğan, soyulmuş, yarıya bölünmüş ve ince dilimlenmiş

1 15 onsluk ateşte kavrulmuş domatesleri tuz eklenmeden, süzülmeden doğrayabilirsiniz

½ bardak tavuk kemik suyu (bkz.yemek tarifi) veya tuz eklenmemiş tavuk suyu

1 büyük sarı dolmalık biber, tohumlanmış ve ½ inçlik şeritler halinde kesilmiş

1 büyük turuncu dolmalık biber, çekirdekleri çıkarılmış ve ½ inçlik şeritler halinde kesilmiş

1. Dondurulmuşsa balığı çözdürün. Balıkları durulayın; kağıt havluyla kurulayın. Balık filetolarını sığ, metal olmayan bir pişirme kabına yerleştirin. Balıkları bir kenara koyun.

2. Chermoula için, bir blender veya küçük mutfak robotunda kişniş, limon suyu, 2 yemek kaşığı zeytinyağı, 4 diş kıyılmış sarımsak, kimyon, kırmızı biber, kişniş ve anasonu birleştirin. Örtün ve pürüzsüz olana kadar işleyin.

3. Chermoula'nın yarısını balığın üzerine yerleştirin ve her iki tarafını da kaplayacak şekilde çevirin. Örtün ve 1 ila 2 saat buzdolabında saklayın. Kalan chermoula'yı örtün; ihtiyaç duyulana kadar oda sıcaklığında bekletin.

4. Fırını önceden 325°F'a ısıtın. Fırına dayanıklı büyük bir tavada, kalan 2 yemek kaşığı yağı orta-yüksek ateşte ısıtın. Soğan ekleyin; 4 ila 5 dakika veya yumuşayana kadar pişirin ve karıştırın. Kalan 1 diş kıyılmış sarımsağı ekleyin; 1 dakika pişirin ve karıştırın. Ayrılmış chermoula'yı, domatesleri, tavuk kemik suyunu, tatlı biber şeritlerini ve limon kabuğu rendesini ekleyin. Kaynatın; ısıyı azaltın. 15 dakika boyunca ağzı açık olarak pişirin. İstenirse karışımı tagine aktarın; üstüne balık ve tabakta kalan chermoula'yı ekleyin. Kapak; 25 dakika pişirin. Derhal servis yapın.

DENIZ MAHSULLÜ BULYON

BAŞTAN SONA: 1¾ SAAT VERİM: 4 PORSİYON

İTALYAN CIOPPINO'SU GİBİ, BU FRANSIZ DENİZ ÜRÜNLERİ GÜVECİ BALIK VE DENİZ ÜRÜNLERİ, SARIMSAK, SOĞAN, DOMATES VE ŞARAPLA BİRLİKTE BİR TENCEREYE ATILAN GÜNLÜK AVIN BİR ÖRNEĞİNİ TEMSİL EDİYOR GİBİ GÖRÜNÜYOR. ANCAK BOUILLABAISSE'NIN AYIRT EDİCİ TADI SAFRAN, REZENE VE PORTAKAL KABUĞU LEZZETLERİNİN BİRLEŞİMİDİR.

1 pound taze veya dondurulmuş derisiz pisi balığı filetosu, 1 inçlik parçalar halinde kesilmiş

4 yemek kaşığı zeytinyağı

2 su bardağı doğranmış soğan

4 diş sarımsak, ezilmiş

1 baş rezene, çekirdeği çıkarılmış ve doğranmış

6 roma domates, doğranmış

¾ bardak tavuk kemik suyu (bkz. yemek tarifi) veya tuz eklenmemiş tavuk suyu

¼ bardak sek beyaz şarap

1 su bardağı ince doğranmış soğan

1 baş rezene, çekirdeği çıkarılmış ve ince doğranmış

6 diş sarımsak, kıyılmış

1 portakal

3 roma domates, ince doğranmış

4 tutam safran

1 yemek kaşığı şeritler halinde kesilmiş taze kekik

1 kiloluk istiridye, temizlenmiş ve durulanmış

1 kiloluk midye, kesilmiş, yıkanmış ve durulanmış (bkz. eğim)

Taze kesilmiş kekik (isteğe bağlı)

1. Dondurulmuşsa pisi balığını çözdürün. Balıkları durulayın; kağıt havluyla kurulayın. Balıkları bir kenara koyun.

2. 6 ila 8 litrelik bir tencerede 2 yemek kaşığı zeytinyağını orta ateşte ısıtın. Tencereye 2 su bardağı doğranmış soğanı, 1 baş doğranmış rezeneyi ve 4 diş ezilmiş sarımsağı ekleyin. Ara sıra karıştırarak 7 ila 9 dakika veya soğan yumuşayana kadar pişirin. 6 adet doğranmış domates ve 1 adet doğranmış rezeneyi ekleyin; 4 dakika daha pişirin. Tencereye tavuk kemik suyunu ve beyaz şarabı ekleyin; 5 dakika pişirin; biraz serin. Sebze karışımını bir blender veya mutfak robotuna aktarın. Örtün ve pürüzsüz hale gelinceye kadar karıştırın veya işleyin; bir kenara koyun.

3. Aynı Hollanda fırınında, kalan 1 yemek kaşığı zeytinyağını orta ateşte ısıtın. 1 su bardağı ince doğranmış soğanı, 1 baş ince doğranmış rezeneyi ve 6 diş kıyılmış sarımsağı ekleyin. Orta ateşte 5 ila 7 dakika veya neredeyse yumuşayana kadar sık sık karıştırarak pişirin.

4. Portakalın kabuğunu geniş şeritler halinde çıkarmak için bir sebze soyucu kullanın; bir kenara koyun. Hollanda fırınına püre haline getirilmiş sebze karışımı, 3 doğranmış domates, safran, kekik ve portakal kabuğu rendesi şeritleri ekleyin. Kaynatın; Kaynamaya devam etmek için ısıyı azaltın. İstiridye, midye ve balık ekleyin; Balıkları sosla kaplamak için hafifçe karıştırın. Kaynamayı sürdürmek için ısıyı gerektiği gibi ayarlayın. Midye ve istiridyeler açılıncaya ve çatalla test edildiğinde balık pul pul olmaya başlayana kadar 3 ila 5 dakika kadar kapağını kapatın ve pişirin. Sığ kaselerde servis yapın. İstenirse ilave kekik serpin.

KLASIK KARIDES CEVICHE

EV ÖDEVI: 20 dakika pişirme: 2 dakika soğutma: 1 saat bekleme: 30 dakika Verim: 3 ila 4 porsiyon

BU LATIN AMERIKA YEMEĞI PATLAMA YARATTITATLAR VE DOKULAR. ÇITIR SALATALIK VE KEREVIZ, KREMALI AVOKADO, KESKIN, KESKIN JALAPENOS VE TATLI, NARIN KARIDES, LIMON SUYU VE ZEYTINYAĞINDA KARIŞIYOR. GELENEKSEL CEVICHE'DE, LIMON SUYUNDAN ELDE EDILEN ASIT KARIDESI "PIŞIRIR", ANCAK KAYNAR SUYA HIZLI BIR ŞEKILDE DALDIRMA HIÇBIR ŞEYI ŞANSA BIRAKMAZ VE KARIDESIN TADI VEYA DOKUSUNA ZARAR VERMEZ.

1 pound taze veya dondurulmuş orta boy karides, soyulmuş ve ayrılmış, kuyrukları çıkarılmış

½ salatalık, soyulmuş, çekirdeği çıkarılmış ve doğranmış

1 su bardağı doğranmış kereviz

½ küçük kırmızı soğan, doğranmış

1 ila 2 jalapenos, çekirdekleri çıkarılmış ve doğranmış (bkz.eğim)

½ su bardağı taze limon suyu

2 roma domates, doğranmış

1 avokado, yarıya bölünmüş, çekirdeği çıkarılmış, soyulmuş ve doğranmış

¼ bardak taze kişniş, şeritler halinde kesilmiş

3 yemek kaşığı zeytinyağı

½ çay kaşığı karabiber

1. Dondurulmuşsa karidesleri çözün. Karidesleri soyun ve ayırın; kuyrukları çıkarın. Karidesleri durulayın; kağıt havluyla kurulayın.

2. Büyük bir tencereyi yarısına kadar suyla doldurun. Kaynatın. Kaynayan suya karides ekleyin. Kapağı açık olarak 1 ila 2 dakika veya karides opaklaşana kadar

pişirin; tahliye etmek. Karidesleri soğuk suya koyun ve tekrar süzün. Karidesleri küpler halinde kesin.

3. Ekstra büyük, reaktif olmayan bir kapta karides, salatalık, kereviz, soğan, jalapeno ve limon suyunu birleştirin. Bir veya iki kez karıştırarak 1 saat boyunca örtün ve buzdolabında saklayın.

4. Domates, avokado, kişniş, zeytinyağı ve karabiberi ekleyin. Örtün ve oda sıcaklığında 30 dakika bekletin. Servis yapmadan önce hafifçe karıştırın.

HINDISTAN CEVIZLI ISPANAK VE KARIDES SALATASI

EV ÖDEVI:25 dakika pişirme süresi: 8 dakika Verim: 4 porsiyon FOTOĞRAF

TICARI OLARAK ÜRETILEN AEROSOL ZEYTINYAĞI KUTULARITAHIL ALKOLÜ, LESITIN VE ITICI GAZ IÇEREBILIR; SAF, GERÇEK YIYECEKLER YEMEYE ÇALIŞIRKEN VE TAHILLARDAN, SAĞLIKSIZ YAĞLARDAN, BAKLAGILLERDEN VE SÜT ÜRÜNLERINDEN UZAK DURMAYA ÇALIŞTIĞINIZDA BU HARIKA BIR KOMBINASYON DEĞIL. BIR YAĞLAYICI, YAĞI INCE BIR SIS HALINE GETIRMEK IÇIN YALNIZCA HAVAYI KULLANIR; BU, PIŞIRMEDEN ÖNCE HINDISTANCEVIZI KABUKLU KARIDESLERI HAFIFÇE KAPLAMAK IÇIN MÜKEMMELDIR.

Kabuğunda 1½ pound taze veya dondurulmuş ekstra büyük karides

Sızma zeytinyağı ile doldurulmuş Misto atomizer

2 yumurta

¾ bardak şekersiz pul pul veya rendelenmiş hindistan cevizi

¾ su bardağı badem unu

½ bardak avokado yağı veya zeytinyağı

3 yemek kaşığı taze limon suyu

2 yemek kaşığı taze limon suyu

2 küçük diş sarımsak, kıyılmış

⅛ ila ¼ çay kaşığı ezilmiş kırmızı biber

8 su bardağı taze bebek ıspanak

1 orta boy avokado, ikiye bölünmüş, çekirdeği çıkarılmış, soyulmuş ve ince dilimlenmiş

1 küçük turuncu veya sarı tatlı biber, ince şeritler halinde kesilmiş

½ su bardağı doğranmış kırmızı soğan

1. Dondurulmuşsa karidesleri çözün. Karidesleri soyup, kuyruklarını sağlam bırakarak ayırın. Karidesleri durulayın; kağıt havluyla kurulayın. Fırını önceden

450°F'ye ısıtın. Büyük bir fırın tepsisini alüminyum folyoyla kaplayın; Alüminyum folyoyu Misto şişesinden püskürtülen yağla hafifçe kaplayın; bir kenara koyun.

2. Sığ bir tabakta yumurtaları çatalla çırpın. Başka bir sığ tabakta hindistancevizi ve badem ununu birleştirin. Karidesleri yumurtalara batırın, kaplayın. Hindistan cevizi karışımına batırın, kaplayacak şekilde bastırın (kuyrukları açıkta bırakın). Karidesleri hazırlanan fırın tepsisine tek kat halinde yerleştirin. Karideslerin üstünü Misto şişesinden püskürtülen yağla kaplayın.

3. 8 ila 10 dakika kadar veya karidesler opaklaşana ve üzeri hafifçe kızarana kadar pişirin.

4. Bu arada, pansuman yapmak için küçük vidalı kapaklı bir kavanozda avokado yağı, limon suyu, limon suyu, sarımsak ve ezilmiş kırmızı biberi birleştirin. Örtün ve iyice çalkalayın.

5. Salatalarda ıspanakları dört servis tabağına paylaştırın. Üstüne avokado, tatlı biber, kırmızı soğan ve karides ekleyin. Üzerine pansuman gezdirin ve hemen servis yapın.

TROPIKAL KARIDES VE TARAK CEVICHE

EV ÖDEVI:20 dakika Marine etme: 30 ila 60 dakika Verim: 4 ila 6 porsiyon

TAZE, HAFIF CEVICHE HARIKA BIR YEMEKTIRSICAK BIR YAZ GECESI IÇIN. KAVUN, MANGO, SERRANO BIBERI, REZENE VE MANGO-MISKET LIMONU SOS ILE (BKZ.YEMEK TARIFI), BU ORIJINALIN TATLI BIR VERSIYONUDUR.

1 pound taze veya dondurulmuş tarak
1 pound taze veya dondurulmuş büyük karides
2 su bardağı küp küp kesilmiş tatlı kavun
2 orta boy mango, çekirdekleri çıkarılmış, soyulmuş ve doğranmış (yaklaşık 2 bardak)
1 baş rezene, kesilmiş, dörde bölünmüş, özlü ve ince dilimlenmiş
1 orta boy kırmızı dolmalık biber, doğranmış (yaklaşık ¾ bardak)
İstenirse tohumlanmış ve ince dilimlenmiş 1 ila 2 serrano şili (bkz.eğim)
½ fincan hafifçe paketlenmiş taze kişniş, doğranmış
1 Mango Limonlu Salata Sosu Tarifi (bkz.yemek tarifi)

1. Dondurulmuşsa deniz tarağı ve karidesleri çözdürün. Deniz taraklarını yatay olarak ikiye bölün. Karidesleri soyun, soyun ve yatay olarak ikiye bölün. Tarak ve karidesleri durulayın; kağıt havluyla kurulayın. Büyük bir tencerenin dörtte üçünü suyla doldurun. Kaynatın. Karides ve deniz tarağı ekleyin; 3 ila 4 dakika veya karides ve deniz tarağı opaklaşana kadar pişirin; Çabuk soğuması için boşaltın ve soğuk suyla durulayın. İyice süzün ve dinlenmeye bırakın.

2. Ekstra geniş bir kapta kavun, mango, rezene, tatlı biber, serrano biberi ve kişnişi birleştirin. Mango-kireç salatası sosunu ekleyin; kaplamak için yavaşça fırlatın. Pişmiş

karidesleri ve tarakları yavaşça ekleyin. Servis yapmadan önce buzdolabında 30 ila 60 dakika marine edin.

SOLMUŞ ISPANAKLI VE RADICCHIOLU SARIMSAKLI KARİDES

EV ÖDEVI:15 dakika pişirme: 8 dakika Verim: 3 porsiyon

"SCAMPI" KLASIK BIR RESTORAN YEMEĞI ANLAMINA GELIRTEREYAĞI VE BOL SARIMSAK VE LIMONLA SOTELENMIŞ VEYA KAVRULMUŞ BÜYÜK KARIDES. BU BAHARATLI ZEYTINYAĞI VERSIYONU PALEO ONAYLIDIR VE HIZLI BIR ŞEKILDE SOTELENMIŞ RADIKŞIO VE ISPANAKLA BESIN AÇISINDAN ZENGINLEŞTIRILMIŞTIR.

1 pound taze veya dondurulmuş büyük karides
4 yemek kaşığı sızma zeytinyağı
6 diş sarımsak, kıyılmış
½ çay kaşığı karabiber
¼ bardak sek beyaz şarap
½ bardak taze maydanoz, şeritler halinde kesilmiş
½ baş hindiba, çekirdeği çıkarılmış ve ince dilimlenmiş
½ çay kaşığı ezilmiş kırmızı biber
9 su bardağı bebek ıspanak
Limon dilimleri

1. Dondurulmuşsa karidesleri çözün. Karidesleri soyup, kuyruklarını sağlam bırakarak ayırın. Büyük bir tavada 2 yemek kaşığı zeytinyağını orta-yüksek ateşte ısıtın. Karidesleri, kıyılmış 4 diş sarımsağı ve karabiberi ekleyin. Yaklaşık 3 dakika veya karides opaklaşana kadar pişirin ve karıştırın. Karides karışımını bir kaseye aktarın.

2. Tavaya beyaz şarap ekleyin. Tavanın dibindeki kahverengileşmiş sarımsakları gevşetmek için karıştırarak pişirin. Karidesin üzerine şarap dökün;

birleştirmek için karıştırın. Maydanozu ekleyin. Sıcak tutmak için alüminyum folyoyla gevşek bir şekilde örtün; bir kenara koyun.

3. Kalan 2 yemek kaşığı zeytinyağını, kalan 2 diş kıyılmış sarımsağı, turp ve ezilmiş kırmızı biberi tavaya ekleyin. Orta ateşte 3 dakika veya radikşio solmaya başlayana kadar pişirin ve karıştırın. Ispanağı dikkatlice karıştırın; 1 ila 2 dakika daha veya ıspanak solana kadar pişirin ve karıştırın.

4. Servis etmek için ıspanak karışımını üç servis tabağına bölün; üstüne karides karışımını dökün. Karides ve sebzelerin üzerine sıkmak için limon dilimleri ile servis yapın.

AVOKADO, GREYFURT VE JICAMA ILE YENGEÇ SALATASI

BITIRMEK IÇIN BAŞLA:30 dakikada verim: 4 porsiyon

DEV VEYA SIRT YÜZGECI YENGEÇ ETI EN IYISIDIRBU SALATA IÇIN. PARÇA YENGEÇ ETI, SALATALARDA IŞE YARAYAN BÜYÜK PARÇALARDAN OLUŞUR. BACKFIN, YENGEÇ ETININ DEV PARÇALARA AYRILMASI VE YENGEÇ GÖVDESINDEN ALINAN DAHA KÜÇÜK YENGEÇ ETI PARÇALARININ KARIŞIMIDIR. DEV YENGEÇTEN DAHA KÜÇÜK OLMASINA RAĞMEN ARKA YÜZGEÇ IYI ÇALIŞIR. TAZE OLANI ELBETTE EN IYISIDIR, ANCAK ÇÖZÜLMÜŞ DONDURULMUŞ YENGEÇ DE IYI BIR SEÇENEKTIR.

6 su bardağı bebek ıspanak

½ orta boy jicama, soyulmuş ve jülyen kesilmiş *

2 pembe veya yakut kırmızısı greyfurt, soyulmuş, çekirdekleri çıkarılmış ve dilimlere ayrılmış**

2 küçük avokado, ikiye bölünmüş

1 pound büyük parçalar veya arka yüzgeçli yengeç eti

Fesleğenli Greyfurt Sosu (sağdaki tarife bakınız)

1. Ispanakları dört servis tabağına bölün. Üzerine jicama, greyfurt dilimleri ve birikmiş meyve suları, avokado ve yengeç eti ekleyin. Greyfurt fesleğen sosunu gezdirin.

Fesleğen Greyfurt Sosu: Vidalı kapaklı bir kavanozda ⅓ bardak sızma zeytinyağını birleştirin; ¼ bardak taze greyfurt suyu; 2 yemek kaşığı taze portakal suyu; ½ küçük arpacık soğanı, doğranmış; 2 yemek kaşığı ince kıyılmış taze fesleğen; ¼ çay kaşığı ezilmiş kırmızı biber; ve ¼ çay kaşığı karabiber. Örtün ve iyice çalkalayın.

*İpucu: Julienne soyucu, jicama'yı ince şeritler halinde kesmenin hızlı çalışmasını sağlar.

**İpucu: Greyfurtu kesmek için meyvenin sap ucundan ve alt kısmından bir dilim kesin. Çalışma yüzeyine dik olarak yerleştirin. Kabuğu şeritler halinde çıkarmak için, meyvenin yuvarlak şeklini takip ederek meyveyi yukarıdan aşağıya doğru dilimler halinde kesin. Meyveyi bir kasenin üzerinde tutun ve bir soyma bıçağı kullanarak meyvenin ortasını her bir parçanın yanlarından keserek özden kurtarın. Dilimleri, birikmiş meyve sularının bulunduğu bir kaseye yerleştirin. İliği atın.

TARHUN AIOLI ILE CAJUN ISTAKOZ KUYRUĞU HAŞLAMA

EV ÖDEVİ:20 dakika pişirme: 30 dakika verim: 4 porsiyon FOTOĞRAF

İKİ KİŞİLİK ROMANTİK BIR AKŞAM YEMEĞİ İÇİNBU TARİF KOLAYCA İKİYE BÖLÜNÜR. ZENGİN AROMALI ET İÇİN ISTAKOZ KUYRUKLARININ KABUĞUNU KESMEK İÇİN ÇOK KESKİN BİR MUTFAK MAKASI KULLANIN.

- 2 Cajun çeşnisi tarifi (bkz.yemek tarifi)
- 12 diş sarımsak, soyulmuş ve ikiye bölünmüş
- 2 limon, ikiye bölünmüş
- 2 büyük havuç, soyulmuş
- 2 sap kereviz, soyulmuş
- 2 rezene soğanı, ince dilimlenmiş
- 1 kiloluk bütün mantar
- 4 Maine ıstakoz kuyruğu, 7 ila 8 ons
- 4 8 inçlik bambu şiş
- ½ fincan Paleo Aïoli (sarımsaklı Mayo) (bkz.yemek tarifi)
- ¼ fincan Dijon tarzı hardal (bkz.yemek tarifi)
- 2 yemek kaşığı tarhun veya taze maydanoz, şeritler halinde kesilmiş

1. 8 litrelik bir tencerede 6 bardak suyu, Cajun baharatını, sarımsağı ve limonları birleştirin. Kaynatın; 5 dakika kaynatın. Sıvının kaynamasını sağlamak için ısıyı azaltın.

2. Havuçları ve kerevizleri çapraz olarak dört parçaya bölün. Sıvıya havuç, kereviz ve rezene ekleyin. Kapağını kapatıp 10 dakika pişirin. Mantar ekleyin; örtün ve 5 dakika pişirin. Delikli bir kaşık kullanarak sebzeleri servis kasesine aktarın; sıcak tutmak.

3. Her ıstakoz kuyruğunun gövde ucundan başlayarak, bir şişi et ile kabuk arasına, neredeyse sonuna kadar kaydırın. (Bu, pişirme sırasında kuyruğun kıvrılmasını önleyecektir.) Isıyı azaltın. Istakoz kuyruklarını bir tencerede zar zor kaynayan sıvı içinde 8 ila 12 dakika veya kabuklar parlak kırmızıya dönene ve çatalla delindiğinde et yumuşayana kadar pişirin. Istakozu pişirme sıvısından çıkarın. Istakoz kuyruklarını tutmak için bir mutfak havlusu kullanın ve şişleri çıkarıp atın.

4. Küçük bir kapta Paleo Aioli, Dijon Hardalı ve tarhunu karıştırın. Istakoz ve sebzelerle servis yapın.

SAFRANLI AIOLI ILE KIZARMIŞ MIDYE

BAŞTAN SONA: 1¼ SAAT VERİM: 4 PORSİYON

BU FRANSIZ KLASİĞİNİN PALEO VERSİYONUBEYAZ ŞARAP VE OTLARLA KARIŞTIRILMIŞ BUHARDA PİŞİRİLMİŞ MIDYE VE BEYAZ PATATESTEN YAPILMIŞ INCE, ÇITIR PATATES KIZARTMASI EŞLİĞİNDE. PİŞİRMEDEN ÖNCE KAPANMAYAN MIDYELERI VE PİŞTİKTEN SONRA AÇILMAYAN MIDYELERI ATIN.

YABAN HAVUCU KIZARTMASI
1½ pound yaban havucu, soyulmuş ve 3 × ¼ inç jülyen şeritler halinde kesilmiş
3 yemek kaşığı zeytinyağı
2 diş sarımsak, kıyılmış
¼ çay kaşığı karabiber
⅛ çay kaşığı acı biber

SAFRAN AIOLI
⅓ fincan Paleo Aioli (sarımsak mayonezi) (bkz. yemek tarifi)
⅛ çay kaşığı safran iplikleri, hafifçe ezilmiş

MIDYE
4 yemek kaşığı zeytinyağı
½ su bardağı ince kıyılmış arpacık soğanı
6 diş sarımsak, kıyılmış
¼ çay kaşığı karabiber
3 bardak sek beyaz şarap
3 büyük dal düz yapraklı maydanoz
4 kilo midye, temizlenmiş ve kabukları soyulmuş *
¼ bardak doğranmış taze İtalyan (düz yaprak) maydanoz
2 yemek kaşığı taze tarhun, şeritler halinde kesilmiş (isteğe bağlı)

1. Yaban havucu kızartması için fırını önceden 450°F'a ısıtın. Kesilmiş yaban havuçlarını üzerini kaplayacak kadar

soğuk suda 30 dakika buzdolabında bekletin; Boşaltın ve kağıt havlularla kurulayın.

2. Büyük bir fırın tepsisini parşömen kağıdıyla kaplayın. Yaban havuçlarını ekstra geniş bir kaseye yerleştirin. Küçük bir kapta 3 yemek kaşığı zeytinyağı, 2 diş kıyılmış sarımsak, ¼ çay kaşığı karabiber ve kırmızı biberi birleştirin; Yaban havuçlarını üzerine serpin ve kaplayın. Yaban havuçlarını hazırlanan fırın tepsisine eşit bir tabaka halinde yerleştirin. 30 ila 35 dakika pişirin veya yumuşatın ve ara sıra karıştırarak kahverengileşmeye başlayın.

3. Aioli için, küçük bir kapta Paleo aioli ve safranı birlikte çırpın. Servis yapmaya hazır olana kadar örtün ve soğutun.

4. Bu arada, 6 ila 8 litrelik bir tencerede veya Hollanda fırınında, 4 yemek kaşığı zeytinyağını orta ateşte ısıtın. Arpacık soğanı, 6 diş sarımsak ve ¼ çay kaşığı karabiber ekleyin; sık sık karıştırarak yaklaşık 2 dakika veya yumuşak ve solgunlaşana kadar pişirin.

5. Şarabı ve maydanoz dallarını tencereye ekleyin; kaynatın. Birkaç kez karıştırarak midyeleri ekleyin. Sıkıca kapatın ve 3 ila 5 dakika veya kabuklar açılıncaya kadar iki kez hafifçe karıştırarak buharda pişirin. Açılmayan midyeleri atın.

6. Büyük bir delikli kaşık kullanarak midyeleri sığ çorba kaselerine aktarın. Maydanoz dallarını pişirme sıvısından çıkarın ve atın; Midyelerin üzerine pişirme sıvısını kepçeyle dökün. Kıyılmış maydanoz ve istenirse tarhun

serpin. Yaban havucu kızartması ve safranlı aioli ile hemen servis yapın.

* İpucu: Midyeleri satın aldığınız gün pişirin. Doğadan toplanmış midye kullanıyorsanız, kum ve kumun temizlenmesine yardımcı olması için bunları 20 dakika boyunca bir kase soğuk suda bekletin. (Çiftlikte yetiştirilen midyeler için bu gerekli değildir.) Sert bir fırça kullanarak midyeleri teker teker soğuk akan suyun altında fırçalayın. Mustard midyeleri pişirmeden yaklaşık 10 ila 15 dakika önce. Sakal, kabuktan çıkan küçük lif grubudur. Dikenleri çıkarmak için ipi baş parmağınız ve işaret parmağınız arasına alıp menteşeye doğru çekin. (Bu yöntem midyeyi öldürmez.) Ayrıca balıkçılık pensesi veya cımbız da kullanabilirsiniz. Her midyenin kabuğunun sıkıca kapalı olduğundan emin olun. Açık kabuklar varsa hafifçe tezgaha vurun. Birkaç dakika içinde kapanmayan midyeleri atın.

PANCAR SOSLU KIZARMIŞ DENIZ TARAĞI

BITIRMEK IÇIN BAŞLA:30 dakikada verim: 4 porsiyon FOTOĞRAF

GÜZEL BIR ALTIN KABUK IÇIN,TAVAYA EKLEMEDEN ÖNCE TARAKLARIN YÜZEYININ GERÇEKTEN KURU OLDUĞUNDAN VE TAVANIN GERÇEKTEN SICAK OLDUĞUNDAN EMIN OLUN. AYRICA, DENIZ TARAĞININ 2 ILA 3 DAKIKA BOYUNCA RAHATSIZ EDILMEDEN KIZARMASINI SAĞLAYIN, TERS ÇEVIRMEDEN ÖNCE DIKKATLICE KONTROL EDIN.

1 pound taze veya dondurulmuş deniz tarağı, kağıt havluyla kurulayın
3 orta boy kırmızı pancar, soyulmuş ve parçalara ayrılmış
½ Granny Smith elması, soyulmuş ve doğranmış
2 jalapenos, sapları çıkarılmış, çekirdekleri çıkarılmış ve doğranmış (bkz. eğim)
¼ bardak doğranmış taze kişniş
2 yemek kaşığı ince doğranmış kırmızı soğan
4 yemek kaşığı zeytinyağı
2 yemek kaşığı taze limon suyu
Beyaz biber

1. Donmuşsa tarakları çözdürün.

2. Pancar sosu için orta boy bir kapta pancar, elma, jalapenos, kişniş, soğan, 2 yemek kaşığı zeytinyağı ve limon suyunu birleştirin. İyice karıştırın. Deniz taraklarını hazırlarken bir kenara koyun.

3. Deniz taraklarını durulayın; kağıt havluyla kurulayın. Büyük bir tavada kalan 2 yemek kaşığı zeytinyağını orta-yüksek ateşte ısıtın. Taraklar ekleyin; 4 ila 6 dakika veya dışı altın rengi olana ve sadece opak olana kadar soteleyin. Deniz taraklarına hafifçe beyaz biber serpin.

4. Servis yapmak için pancar sosunu servis tabaklarına eşit şekilde paylaştırın; taraklarla doldurun. Derhal servis yapın.

SALATALIK-DEREOTU SOSLU IZGARA DENIZ TARAĞI

EV ÖDEVİ:35 dakika soğuk: 1 ila 24 saat ızgara: 9 dakika verim: 4 porsiyon

İŞTE EN MÜKEMMEL AVOKADOLARI ELDE ETMEK IÇIN BIR IPUCU:PARLAK YEŞIL VE SERT OLDUKLARINDA SATIN ALIN, ARDINDAN BIRKAÇ GÜN TEZGAHTA OLGUNLAŞMASINI SAĞLAYIN, PARMAKLARINIZLA HAFIFÇE BASTIRDIĞINIZDA BIRAZ VERIN. SERT VE OLGUNLAŞMAMIŞ OLDUKLARINDA PIYASADAN NAKLIYE SIRASINDA MORARMAZLAR.

12 ila 16 taze veya dondurulmuş deniz tarağı (toplamda 1¼ ila 1¾ pound)
¼ bardak zeytinyağı
4 diş sarımsak, kıyılmış
1 çay kaşığı taze çekilmiş karabiber
2 orta boy kabak, kesilmiş ve uzunlamasına ikiye bölünmüş
½ orta boy salatalık, uzunlamasına ikiye kesilmiş ve çapraz olarak ince dilimlenmiş
1 orta boy avokado, ikiye bölünmüş, çekirdeği çıkarılmış, soyulmuş ve doğranmış
1 orta boy domates, çekirdeği çıkarılmış, çekirdeği çıkarılmış ve doğranmış
2 çay kaşığı doğranmış taze nane
1 çay kaşığı taze dereotu, şeritler halinde kesilmiş

1. Donmuşsa tarakları çözdürün. Deniz taraklarını soğuk su altında durulayın; kağıt havluyla kurulayın. Büyük bir kapta 3 yemek kaşığı yağı, sarımsağı ve ¾ çay kaşığı biberi birleştirin. Taraklar ekleyin; kaplamak için yavaşça fırlatın. Ara sıra hafifçe karıştırarak en az 1 saat veya en fazla 24 saat boyunca örtün ve soğutun.

2. Kabak yarımlarını kalan 1 yemek kaşığı yağla fırçalayın; kalan ¼ çay kaşığı biberi eşit şekilde serpin.

3. Deniz tarağını boşaltın ve turşuyu atın. Her bir taraktan iki adet 10 ila 12 inçlik şiş geçirin, şiş başına 3 veya 4 tarak kullanın ve taraklar arasında ½ inçlik bir boşluk bırakın. *(Tarakları iki şişin üzerine geçirmek, ızgara yaparken ve çevirirken sabit kalmalarına yardımcı olur.)

4. Kömürlü veya gazlı ızgara için, deniz tarağı şişlerini ve yarım kabakları doğrudan orta ateşteki ızgaraya yerleştirin. **Taraklar opaklaşana ve kabaklar yumuşayana kadar, ızgara boyunca yarıya kadar çevirerek pişirin. Deniz tarağı için 6 ila 8 dakika, kabak için ise 9 ila 11 dakika bekleyin.

5. Bu arada sos için orta boy bir kapta salatalık, avokado, domates, nane ve dereotunu birleştirin. Birleştirmek için yavaşça karıştırın. Dört servis tabağının her birine 1 tarak şişi yerleştirin. Kabak yarımlarını çapraz olarak ikiye bölün ve taraklı tabaklara ekleyin. Salatalık karışımını tarakların üzerine eşit şekilde dökün.

*İpucu: Tahta şiş kullanıyorsanız kullanmadan önce şişleri üzerini kaplayacak kadar suda 30 dakika bekletin.

** Izgara yapmak için: 3. Adımda anlatıldığı gibi hazırlayın. Tarak şişlerini ve yarım kabakları kızartma tavasının ısıtılmamış rafına yerleştirin. Taraklar opaklaşana ve kabaklar yumuşayana kadar ateşte 4 ila 5 inç ızgara yapın, pişirme işleminin yarısında bir kez çevirin. Deniz tarağı için 6 ila 8 dakika, kabak için ise 10 ila 12 dakika bekleyin.

DOMATES, ZEYTINYAĞI VE OT SOSLU IZGARA DENIZ TARAĞI

EV ÖDEVI:20 dakika pişirme: 4 dakika verim: 4 porsiyon

SOS NEREDEYSE SICAK BIR SALATA SOSU GIBIDIR. ZEYTINYAĞI, DOĞRANMIŞ TAZE DOMATES, LIMON SUYU VE OTLAR BIR ARAYA GETIRILIP, LEZZETLERIN BIRBIRINE GEÇMESINE YETECEK KADAR HAFIFÇE ISITILIR VE ARDINDAN KIZARTILMIŞ DENIZ TARAĞI VE ÇITIR AYÇIÇEĞI FILIZLI SALATA ILE SERVIS EDILIR.

DENIZ TARAĞI VE SOS
1 ila 1½ pound büyük deniz tarağı, taze veya dondurulmuş (yaklaşık 12)
2 büyük roma domates, soyulmuş, *çekirdekleri çıkarılmış ve doğranmış
½ su bardağı zeytinyağı
2 yemek kaşığı taze limon suyu
2 yemek kaşığı doğranmış taze fesleğen
1 ila 2 çay kaşığı ince kıyılmış frenk soğanı
1 yemek kaşığı zeytinyağı

SALATA
4 su bardağı ayçiçeği filizi
1 limon dilimler halinde kesilmiş
Sızma zeytinyağı

1. Donmuşsa tarakları çözdürün. Tarakları durulayın; Biliyorum ki. Bir kenara koyun.

2. Sos için küçük bir tencerede domatesleri, ½ bardak zeytinyağını, limon suyunu, fesleğeni ve yeşil soğanı birleştirin; bir kenara koyun.

3. Büyük bir tavada 1 yemek kaşığı zeytinyağını orta-yüksek ateşte ısıtın. Taraklar ekleyin; 4 ila 5 dakika veya altın

rengi ve opak olana kadar pişirin, pişirme işleminin yarısında bir kez çevirin.

4. Salata için lahanaları servis kasesine koyun. Filizlerin üzerine limon dilimlerini sıkın ve biraz zeytinyağı gezdirin. Birleştirmek için karıştırın.

5. Sosu ılık olana kadar kısık ateşte ısıtın; kaynatmayınız. Servis yapmak için tabağın ortasına biraz sos dökün; üstüne 3 deniz tarağı koyun. Filiz salatası ile servis yapın.

*İpucu: Bir domatesi kolayca soymak için, onu kaynar su dolu bir tencereye 30 saniye ila 1 dakika kadar veya kabuğu çatlamaya başlayana kadar koyun. Domatesi kaynar sudan çıkarın ve pişirme işlemini durdurmak için hemen bir kase buzlu suya daldırın. Domates işlenecek kadar soğuduğunda kabuğunu çıkarın.

REZENE VE İNCI SOĞANLI KIMYONLU KAVRULMUŞ KARNABAHAR

EV ÖDEVI:15 dakika pişirme: 25 dakika Verim: 4 porsiyon FOTOĞRAF

ÖZELLIKLE CAZIP BIR ŞEY VARKAVRULMUŞ KARNABAHAR ILE KIMYONUN KAVRULMUŞ, DÜNYEVI AROMASININ BIRLEŞIMI HAKKINDA. BU YEMEĞE KURUTULMUŞ KUŞ ÜZÜMÜNDEN GELEN TATLILIK UNSURU EKLENMIŞTIR. İSTERSENIZ 2. ADIMDA KIMYON VE KUŞ ÜZÜMÜ ILE BIRLIKTE ¼ ILA ½ ÇAY KAŞIĞI EZILMIŞ KIRMIZI BIBERI BIRAZ ISITARAK EKLEYEBILIRSINIZ.

3 yemek kaşığı rafine edilmemiş hindistancevizi yağı
1 orta başlı karnabahar, çiçeklere bölünmüş (4 ila 5 bardak)
2 baş rezene, iri doğranmış
1½ bardak dondurulmuş arpa soğanı, çözülmüş ve süzülmüş
¼ bardak kurutulmuş kuş üzümü
2 çay kaşığı öğütülmüş kimyon
Taze kesilmiş dereotu (isteğe bağlı)

1. Ekstra büyük bir tavada hindistancevizi yağını orta ateşte ısıtın. Karnabaharı, rezeneyi ve arpacık soğanı ekleyin. Kapağını kapatıp ara sıra karıştırarak 15 dakika pişirin.

2. Isıyı orta-düşük seviyeye düşürün. Tavaya kuş üzümü ve kimyon ekleyin; Yaklaşık 10 dakika veya karnabahar ve rezene yumuşak ve altın rengi oluncaya kadar, kapağı açık olarak pişirin. İstenirse dereotu ile süslenebilir.

KABAK SPAGETTI ILE KALIN DOMATES VE PATLICAN SOSU

EV ÖDEVI:30 dakika pişirme: 50 dakika soğutma: 10 dakika pişirme: 10 dakika Verim: 4 porsiyon

BU BAHARATLI GARNITÜR KOLAYCA DÖNERBIR ANA YEMEKTE. PATATES EZICIYLE HAFIFÇE EZDIKTEN SONRA PATLICAN VE DOMATES KARIŞIMINA YAKLAŞIK 1 KILO PIŞMIŞ KIYMA VEYA BIZON EKLEYIN.

1 spagetti kabak, 2 ila 2½ pound

2 yemek kaşığı zeytinyağı

1 su bardağı soyulmuş ve doğranmış patlıcan

¾ su bardağı doğranmış soğan

1 küçük kırmızı biber, doğranmış (½ bardak)

4 diş sarımsak, kıyılmış

4 orta boy olgun kırmızı domates, istenirse soyulmuş ve iri doğranmış (yaklaşık 2 bardak)

½ su bardağı doğranmış taze fesleğen

1. Fırını önceden 375°F'ye ısıtın. Küçük bir fırın tepsisini parşömen kağıdıyla kaplayın. Spagetti kabağını çapraz olarak ikiye bölün. Tohumları ve iplikleri kazımak için büyük bir kaşık kullanın. Kabak yarımlarını, kenarları aşağı gelecek şekilde hazırlanmış fırın tepsisine yerleştirin. Kapağı açık olarak 50 ila 60 dakika veya kabak yumuşayana kadar pişirin. Yaklaşık 10 dakika boyunca bir raf üzerinde soğumaya bırakın.

2. Bu arada büyük bir tavada zeytinyağını orta ateşte ısıtın. Soğanı, patlıcanı ve biberi ekleyin; Ara sıra karıştırarak 5 ila 7 dakika veya sebzeler yumuşayana kadar pişirin. Sarımsak ekleyin; 30 saniye daha pişirin ve karıştırın.

Domates ekleyin; Ara sıra karıştırarak 3 ila 5 dakika veya domatesler yumuşayana kadar pişirin. Patates ezici kullanarak karışımı hafifçe ezin. Fesleğenin yarısını ekleyin. Kapağını kapatıp 2 dakika pişirin.

3. Kabak yarımlarını tutmak için bir tutacak veya havlu kullanın. Kabak etini orta boy bir kaseye kazımak için bir çatal kullanın. Kabağı dört servis tabağına paylaştırın. Sosla eşit şekilde kaplayın. Kalan fesleğen serpin.

PORTOBELLO DOLDURULMUŞ MANTAR

EV ÖDEVI:35 dakika pişirme: 20 dakika pişirme: 7 dakika Verim: 4 porsiyon

EN TAZE PORTOBELLOLARI ELDE ETMEK IÇIN,SAPLARI HALA SAĞLAM OLAN MANTARLARI ARAYIN. SOLUNGAÇLAR NEMLI GÖRÜNMELI ANCAK ISLAK VEYA SIYAH OLMAMALIDIR VE ARALARINDA IYI BIR AYRIM BULUNMALIDIR. HERHANGI BIR MANTAR TÜRÜNÜ PIŞIRMEYE HAZIRLAMAK IÇIN HAFIF NEMLI BIR KAĞIT HAVLUYLA SILIN. MANTARLARI ASLA SUYA KOYMAYIN VEYA SUYA BATIRMAYIN; ÇOK EMICIDIRLER VE YUMUŞAKLAŞIP SUYLA ISLATILIRLAR.

- 4 büyük portobello mantarı (toplamda yaklaşık 1 pound)
- ¼ bardak zeytinyağı
- 1 yemek kaşığı füme baharat (bkz.yemek tarifi)
- 2 yemek kaşığı zeytinyağı
- ½ bardak doğranmış arpacık soğanı
- 1 yemek kaşığı kıyılmış sarımsak
- 1 kiloluk pazı, sapları alınmış ve doğranmış (yaklaşık 10 bardak)
- 2 çay kaşığı Akdeniz baharatı (bkz.yemek tarifi)
- ½ bardak doğranmış turp

1. Fırını önceden 400°F'ye ısıtın. Mantarların saplarını çıkarın ve 2. Adım için bir kenara koyun. Kapaklardan solungaçları kazımak için bir kaşığın ucunu kullanın; solungaçları atın. Mantar kapaklarını 3 litrelik dikdörtgen bir pişirme kabına yerleştirin; Mantarların her iki tarafını da ¼ bardak zeytinyağıyla fırçalayın. Mantar kapaklarını sap kısımları yukarı bakacak şekilde çevirin ve üzerine füme baharat serpin. Fırın tepsisini alüminyum folyo ile

kaplayın. Kapağı kapalı olarak yaklaşık 20 dakika veya yumuşayana kadar pişirin.

2. Bu arada, ayrılmış mantar saplarını doğrayın; bir kenara koyun. Pazı hazırlamak için yaprakların kalın damarlarını çıkarın ve atın. Pazı yapraklarını irice doğrayın.

3. Ekstra büyük bir tavada 2 yemek kaşığı zeytinyağını orta ateşte ısıtın. Arpacık soğanı ve sarımsak ekleyin; 30 saniye pişirin ve karıştırın. Kıyılmış mantar saplarını, doğranmış pazıyı ve Akdeniz baharatlarını ekleyin. Ara sıra karıştırarak, kapağı açık olarak 6 ila 8 dakika veya pazı yumuşayana kadar pişirin.

4. Pazı karışımını mantar kapaklarının arasına paylaştırın. Pişirme kabında kalan sıvıyı doldurulmuş mantarların üzerine gezdirin. Üstüne doğranmış turp ekleyin.

KAVRULMUŞ RADIKŞIO

EV ÖDEVI:20 dakika pişirme: 15 dakika verim: 4 porsiyon

RADICCHIO EN SIK YENIRKARIŞIK YEŞILLIKLERIN ARASINA HOŞ BIR ACILIK KATMAK IÇIN SALATANIN BIR PARÇASI OLARAK KULLANILABILECEĞI GIBI, TEK BAŞINA KAVRULARAK VEYA IZGARADA DA PIŞIRILEBILIR. HAFIF BIR ACILIK HINDIBANIN DOĞASINDA VARDIR, ANCAK AŞIRI GÜÇLÜ OLMASINI ISTEMEZSINIZ. YAPRAKLARI SOLMAMIŞ, TAZE VE CANLI GÖRÜNEN DAHA KÜÇÜK TOMURCUKLARI ARAYIN. KESILEN KISIM BIRAZ KAHVERENGI OLABILIR ANCAK ÇOĞUNLUKLA BEYAZ OLMALIDIR. BU TARIFTE, SERVIS YAPMADAN ÖNCE ÜZERINE BIRAZ BALZAMIK SIRKE SÜRÜLMESI TATLILIK KATIYOR.

2 büyük hindiba
¼ bardak zeytinyağı
1 çay kaşığı Akdeniz baharatı (bkz.yemek tarifi)
¼ bardak balzamik sirke

1. Fırını önceden 400°F'ye ısıtın. Radikoyu dörde bölün ve çekirdeğin bir kısmını takılı bırakın (8 dilime sahip olmalısınız). Turp dilimlerinin kesilmiş taraflarını zeytinyağıyla fırçalayın. Takozları, kenarları aşağı bakacak şekilde fırın tepsisine yerleştirin; Akdeniz baharatı serpin.

2. Yaklaşık 15 dakika veya turp kuruyana kadar kavurun, kavurma işleminin yarısında bir kez çevirin. Radicchio'yu servis tabağına yerleştirin. Balzamik sirkeyi gezdirin; hemen servis yapın.

PORTAKAL SOSLU KAVRULMUŞ REZENE

EV ÖDEVI: 25 dakika kavurma: 25 dakika verim: 4 porsiyon

ARTA KALAN SALATA SOSUNU ÇÖPE ATMAK ÜZERE SAKLAYINSALATA YEŞILLIKLERIYLE VEYA IZGARA DOMUZ ETI, KÜMES HAYVANLARI VEYA BALIKLA SERVIS YAPIN. KALAN SALATA SOSUNU SIKICA KAPATILMIŞ BIR KAPTA BUZDOLABINDA 3 GÜNE KADAR SAKLAYIN.

- 6 yemek kaşığı sızma zeytinyağı ve ayrıca fırçalamak için daha fazlası
- 1 büyük rezene soğanı, kesilmiş, çekirdeği çıkarılmış ve kamalara kesilmiş (istenirse garnitür için yaprakları ayırın)
- 1 kırmızı soğan, dilimler halinde kesilmiş
- ½ portakal, ince dilimler halinde kesilmiş
- ½ su bardağı portakal suyu
- 2 yemek kaşığı beyaz şarap sirkesi veya şampanya sirkesi
- 2 yemek kaşığı elma şarabı
- 1 çay kaşığı öğütülmüş rezene tohumu
- 1 çay kaşığı ince rendelenmiş portakal kabuğu
- ½ çay kaşığı Dijon usulü hardal (bkz. yemek tarifi)
- Karabiber

1. Fırını önceden 425°F'ye ısıtın. Büyük bir fırın tepsisini hafifçe zeytinyağıyla fırçalayın. Rezene, soğan ve portakal dilimlerini fırın tepsisine yerleştirin; 2 yemek kaşığı zeytinyağı gezdirin. Sebzeleri yağla kaplamak için yavaşça atın.

2. Sebzeleri 25 ila 30 dakika kadar veya sebzeler yumuşayıncaya ve hafifçe kızarıncaya kadar kavurun, kavurma işleminin yarısında bir kez çevirin.

3. Bu arada portakal sosu için portakal suyunu, sirkeyi, elma şarabını, rezene tohumlarını, portakal kabuğunu, Dijon hardalını ve karabiberi bir karıştırıcıda birleştirin. Blender çalışırken, kalan 4 yemek kaşığı zeytinyağını ince bir akış halinde yavaşça ekleyin. Salata koyulaşana kadar karıştırmaya devam edin.

4. Sebzeleri servis tabağına aktarın. Sebzeleri biraz sirke ile gezdirin. İstenirse ayrılmış rezene yapraklarıyla süsleyin.

PENCAP USULÜ SAVOY LAHANASI

EV ÖDEVİ:20 dakika pişirme: 25 dakika verim: 4 porsiyon FOTOĞRAF

OLANLAR ŞAŞIRTICIZENCEFİL, SARIMSAK, KIRMIZI BIBER VE HINT BAHARATLARIYLA PİŞİRİLDİĞİNDE HAFİF BIR TADA SAHİP OLAN IDDIASIZ BIR LAHANAYA. KAVRULMUŞ HARDAL, KIŞNIŞ VE KİMYON TOHUMLARI BU YEMEĞE HEM LEZZET HEM DE ÇITIRLIK KATIYOR. DIKKATLI OLUN: ÇOK SICAK! KUŞUN GAGASINDAKI BİBERLER KÜÇÜK AMA ÇOK GÜÇLÜDÜR VE YEMEKTE AYRICA JALAPENO DA BULUNUR. DAHA AZ BAHARAT TERCIH EDIYORSANIZ JALAPENO KULLANIN.

- 1 2 inçlik topuz taze zencefil, soyulmuş ve ⅓ inçlik dilimler halinde kesilmiş
- 5 diş sarımsak
- 1 büyük jalapeno, sapları çıkarılmış, çekirdekleri çıkarılmış ve ikiye bölünmüş (bkz.eğim)
- 2 çay kaşığı tuz ilavesiz garam masala
- 1 çay kaşığı öğütülmüş zerdeçal
- ½ bardak tavuk kemik suyu (bkz.yemek tarifi) veya tuz eklenmemiş tavuk suyu
- 3 yemek kaşığı rafine hindistan cevizi yağı
- 1 yemek kaşığı siyah hardal tohumu
- 1 çay kaşığı kişniş tohumu
- 1 çay kaşığı kimyon tohumu
- 1 bütün kuş gagası şili (şili de arbol) (bkz.eğim)
- 1 3 inç tarçın çubuğu
- 2 su bardağı ince dilimlenmiş sarı soğan (yaklaşık 2 orta boy)
- 12 su bardağı kara lahana, özlü, ince dilimlenmiş (yaklaşık 1½ pound)
- ½ bardak taze kişniş, şeritler halinde kesilmiş (isteğe bağlı)

1. Bir mutfak robotu veya blenderde zencefil, sarımsak, jalapeño, garam masala, zerdeçal ve ¼ bardak tavuk kemik suyunu birleştirin. Örtün ve pürüzsüz olana kadar işleyin veya karıştırın; bir kenara koyun.

2. Ekstra büyük bir tavada hindistancevizi yağını, hardal tohumlarını, kişniş tohumlarını, kimyon tohumlarını, kırmızı biberi ve tarçın çubuğunu birleştirin. Orta-yüksek ateşte, tavayı sık sık sallayarak 2 ila 3 dakika veya tarçın çubuğu ortaya çıkana kadar pişirin (dikkatli olun, hardal tohumları pişerken patlar ve sıçrar). Soğan ekleyin; 5 ila 6 dakika veya soğanlar hafifçe kızarana kadar pişirin ve karıştırın. Zencefil karışımını ekleyin. Sık sık karıştırarak 6 ila 8 dakika veya karışım iyice karamelize olana kadar pişirin.

3. Lahanayı ve kalan tavuk kemiği suyunu ekleyin; iyice karıştırın. Kapağı kapatın ve yaklaşık 15 dakika veya lahana yumuşayana kadar iki kez karıştırarak pişirin. Tavayı ortaya çıkarın. 6 ila 7 dakika veya lahana hafifçe kızarana ve fazla tavuk kemiği suyu buharlaşana kadar pişirin ve karıştırın.

4. Tarçın çubuğunu ve kırmızı biberi çıkarın ve atın. İstenirse kişniş serpin.

TARÇINLI KAVRULMUŞ BALKABAĞI

EV ÖDEVI:20 dakika kavurma: 30 dakika verim: 4 ila 6 porsiyon

BIR TUTAM ACI BIBERBU TATLI KAVRULMUŞ KABAK KÜPLERINE SADECE BIR MIKTAR BAHARAT VERIR. İSTERSENIZ ATLAMAK KOLAYDIR. BU KOLAY GARNITÜRÜ KIZARMIŞ DOMUZ ETI VEYA DOMUZ PIRZOLASIYLA SERVIS EDIN.

1 balkabağı (yaklaşık 2 pound), soyulmuş, çekirdekleri çıkarılmış ve ¾ inç küpler halinde kesilmiş

2 yemek kaşığı zeytinyağı

½ çay kaşığı öğütülmüş tarçın

¼ çay kaşığı karabiber

⅛ çay kaşığı acı biber

1. Fırını önceden 400°F'a ısıtın. Büyük bir kaseye kabakları zeytinyağı, tarçın, karabiber ve kırmızı biberle birlikte atın. Büyük kenarlı bir fırın tepsisini parşömen kağıdıyla hizalayın. Kabağı fırın tepsisine tek kat halinde yayın.

2. Bir veya iki kez karıştırarak 30 ila 35 dakika veya kabak yumuşayıp kenarları altın rengi oluncaya kadar kızartın.

ELENMIŞ YUMURTA VE CEVIZ ILE IZGARA KUŞKONMAZ

BITIRMEK IÇIN BAŞLA:15 dakikalık verim: 4 porsiyon

BU BIR KLASIKIN BIR VERSIYONUKUŞKONMAZ MIMOZA ADI VERILEN FRANSIZ SEBZE YEMEĞI, BITMIŞ YEMEĞIN YEŞIL, BEYAZ VE SARI RENKLERININ AYNI ADI TAŞIYAN BIR ÇIÇEĞE BENZEMESI NEDENIYLE BU ADI ALMIŞTIR.

1 pound taze kuşkonmaz, kesilmiş
5 yemek kaşığı kavrulmuş sarımsaklı salata (bkz.yemek tarifi)
1 adet haşlanmış yumurta, soyulmuş
3 yemek kaşığı kıyılmış ceviz, kızartılmış (bkz.eğim)
Taze çekilmiş karabiber

1. Fırın rafını ısıtma elemanından 4 inç uzağa yerleştirin; Izgarayı yüksek ateşte önceden ısıtın.

2. Kuşkonmazı bir fırın tepsisine yayın. 2 yemek kaşığı kavrulmuş sarımsak sosunu gezdirin. Ellerinizi kullanarak kuşkonmazı salata sosuyla kaplayacak şekilde yuvarlayın. Kuşkonmazı her dakika çevirerek 3 ila 5 dakika veya soluncaya ve soluncaya kadar kızartın. Servis tabağına aktarın.

3. Yumurtayı ikiye bölün; yumurtayı bir elekten geçirerek kuşkonmazın üzerine bastırın. (Yumurtayı rendenin büyük deliklerini kullanarak da rendeleyebilirsiniz.) Kalan 3 yemek kaşığı kavrulmuş sarımsaklı sos ile kuşkonmaz ve yumurtayı gezdirin. Üzerine ceviz serpin ve karabiber serpin.

TURP, MANGO VE NANE ILE ÇITIR LAHANA SALATASI

BİTİRMEK İÇİN BAŞLA: 20 dakikada elde edilen verim: 6 porsiyon FOTOĞRAF

3 yemek kaşığı taze limon suyu
¼ çay kaşığı acı biber
¼ çay kaşığı öğütülmüş kimyon
¼ bardak zeytinyağı
4 su bardağı rendelenmiş lahana
1½ su bardağı çok ince dilimlenmiş turp
1 bardak doğranmış olgun mango
½ bardak frenk soğanı, önyargıyla doğranmış
⅓ su bardağı doğranmış taze nane

1. Baharatlamak için büyük bir kapta limon suyunu, kırmızı biberi ve öğütülmüş kimyonu birleştirin. Zeytinyağını ince bir akış halinde ekleyin.

2. Bir kasedeki sosa lahana, turp, mango, yeşil soğan ve nane ekleyin. Birleştirmek için iyice karıştırın.

KIMYON VE LIMONLU KAVRULMUŞ LAHANA TURLARI

EV ÖDEVI: 10 dakika kavurma: 30 dakika verim: 4 ila 6 porsiyon

3 yemek kaşığı zeytinyağı
1 orta boy lahana, 1 inç kalınlığında dilimler halinde kesilmiş
2 çay kaşığı Dijon usulü hardal (bkz. yemek tarifi)
1 çay kaşığı ince rendelenmiş limon kabuğu
¼ çay kaşığı karabiber
1 çay kaşığı kimyon tohumu
Limon dilimleri

1. Fırını önceden 400°F'ye ısıtın. Geniş kenarlı bir fırın tepsisini 1 çorba kaşığı zeytinyağıyla fırçalayın. Lahana turlarını fırın tepsisine yerleştirin; bir kenara koyun.

2. Küçük bir kapta kalan 2 yemek kaşığı zeytinyağını, Dijon hardalını ve limon kabuğu rendesini birlikte çırpın. Lahana dilimlerini fırın tepsisine fırçayla sürün, hardal ve limon kabuğunun eşit şekilde dağıldığından emin olun. Biber ve kimyon tohumu serpin.

3. 30 ila 35 dakika veya lahana yumuşayana ve kenarları altın kahverengi olana kadar kızartın. Lahananın üzerine sıkmak için limon dilimleri ile servis yapın.

TURUNCU BALZAMIK ÇIY ILE KAVRULMUŞ LAHANA

EV ÖDEVI: 15 dakika kavurma: 30 dakika verim: 4 porsiyon

3 yemek kaşığı zeytinyağı
1 küçük baş lahana, çekirdeği çıkarılmış ve 8 parçaya bölünmüş
½ çay kaşığı karabiber
⅓ bardak balzamik sirke
2 çay kaşığı ince rendelenmiş portakal kabuğu

1. Fırını önceden 450°F'ye ısıtın. Geniş kenarlı bir fırın tepsisini 1 çorba kaşığı zeytinyağıyla fırçalayın. Lahana dilimlerini fırın tepsisine yerleştirin. Kalan 2 yemek kaşığı zeytinyağını lahananın üzerine sürün ve üzerine karabiber serpin.

2. Lahanayı 15 dakika kızartın. Lahana dilimlerini çevirin; Yaklaşık 15 dakika daha veya lahana yumuşayana ve kenarları altın rengi kahverengi olana kadar kızartın.

3. Küçük bir tencerede balzamik sirkeyi ve portakal kabuğunu birleştirin. Orta ateşte kaynatın; azaltmak. Kapağı açık olarak yaklaşık 4 dakika veya yarı yarıya azalıncaya kadar pişirin. Kavrulmuş lahana dilimlerinin üzerine gezdirin; hemen servis yapın.

www.ingramcontent.com/pod-product-compliance
Lightning Source LLC
Chambersburg PA
CBHW071911110526
44591CB00011B/1639